职校生管理热点问题研究

谯　健　王迎新　著

山东大学出版社

图书在版编目(CIP)数据

职校生管理热点问题研究/谯健,王迎新著.—济南:山东大学出版社,2018.9
ISBN 978-7-5607-6159-6

Ⅰ.①职… Ⅱ.①谯… ②王… Ⅲ.①德育-教学研究-职业教育 Ⅳ.①G711

中国版本图书馆 CIP 数据核字(2018)第 227649 号

责任编辑:李　港
封面设计:牛　钧

出版发行:山东大学出版社
社　址　山东省济南市山大南路 20 号
邮　编　250100
电　话　市场部(0531)88363008
经　销:新华书店
印　刷:山东省英华印刷厂
规　格:720 毫米×1000 毫米　1/16
7.5 印张　136 千字
版　次:2018 年 9 月第 1 版
印　次:2018 年 9 月第 1 次印刷
定　价:19.00 元

前　言

自进入21世纪以来，职业教育的发展便逐渐得到了国内各阶层的重视，逐渐上升为国家战略，迎来了新的发展机遇。学生管理作为职业学校办学的重要任务之一，承担着安全、道德培养、职业素养养成等相关职能，越来越引起办学者的重视。近些年来，职业学校在校生规模不断扩张，学生管理的压力越来越大，学生管理事故频发，一些学生管理的热点和难点问题得不到有效的解决，将职业学校不断地推上风口浪尖，这给职业学校管理者提出了严峻的挑战。

学分制管理是职业学校学生管理的重要途径之一。同很多兄弟学校一样，我们也在学生德育管理中实施学分制管理的实践探索。在两年的实践过程中，学生德育管理工作取得了明显成效，但是也存在一些尚未解决的问题，需要进一步去探索研究。我们实施的德育学分制申报了省级课题，并在实践中不断总结、研究、应用，对研究报告进行梳理，整理成册，供广大职教同仁批评修正、借鉴应用。

德育与教学本应该是有机的统一体，但是在职业学校中，学生德育管理与教学的矛盾、冲突非常明显。在学生管理过程中，我们也亲身体验到了德育管理和教学之间的矛盾冲突，以及由此而产生的内耗。在实践中，我们从制度设计、机构设置、班主任和任课教师主体责任等方面在理顺关系的层面进行了探索和改革，并取得了一定的成效，有效地改变了德育管理和教学管理各自为政的局面，实现了德育与教学的有机统一，为职业学校学生管理提供了有益的借鉴。

“全员育人”实行了多年，一直热度不减，但是如何真正落地是学校学生管理的难点之一。在多年的实践过程中，我们逐步探索出了“全员、全方位、全过程”管理育人机制的基本路径，并取得了明显的成效。但是在这个过程中也发现了一些难于解决的问题，对于这些问题我们进行了持续不断的改革，积累了一定的经验供大家借鉴应用，以便共同提升。

家校合作是学校学生德育管理中的难点和热点问题，这一点在职业学校尤为突出。如何构建家校合作的“统一战线”，减少家长与教师特别是班主任之间的矛盾和冲突，成为教育管理者反复思考的问题。实践中，有成功的经验，也有失败的教训。如何把成功的经验总结、提升、应用下来，如何在失败的教训中寻找有效的路径成为我们的重要任务之一。

学校管理机制的探索与创新一直都是学校管理者思索的重要课题。学生德育管理中的矛盾和冲突一直是学生管理效率不高的重要根源之一。在研究过程中，我们发现班级考核机制和教师考核机制是影响班主任和任课教师学生管理工作的重要因素。只有从机制的层面科学地设计班主任和任课教师的职责和要求，才能够实现班主任和任课教师的有效合作，避免不必要的冲突和内耗，真正实现思想意识和管理行为的协调统一，实现德育与教学的有效统一。

手机的使用一直是困扰学校学生管理工作的难点问题，也是广大教学管理人员关注的热点问题。我们探讨了在实践中手机的使用对学生管理的一些负面影响，但是同时也没有完全否认手机应用对课堂教学的促进作用，因此只是提出了一些比较实用的做法，如在课堂教学需要时充分使用手机等，但是在没有课堂教学需要时实施严格的手机封杀等做法，实现了趋利避害。

学生德育管理是一门复杂的学问，需要在实践的过程中探索、反思、总结和提升。我们一直在实践、思考、改进，一些观点和做法也需要在实践中继续检验。对于这些热点问题以及将要出现的热点问题，我们将在自身的教育实践中继续下去，为职业学校学生德育管理乃至整个职业教育的发展尽绵薄之力。

作　者

2018 年 6 月 20 日

目 录

热点一 德育学分制的探索与应用研究

当前,中职学生的思想道德状况不乐观,管理难度大,思想道德教育效率不高。因此,必须探索新形势下中等职业学校学生思想道德教育的新模式、新路径。德育学分制是在新形势下对中等职业学校学生管理和思想道德教育的一种有益的探索。

本书在分析我国中职学校学生思想道德的现状、原因等基础上,综合运用多种研究方法进行研究。首先,对德育学分制的概念界定、内容、宗旨和特点等进行了综合论述,同时阐述了德育学分制实施的相关理论基础。其次,论述了德育学分制对学生道德成长和管理的促进作用,进而在对本校学生进行相关实验的基础上验证了德育学分制对中职学生道德成长和管理的促进作用。然后,从校园文化、德育传统、学生家庭、认识、主体五个方面分析了影响德育学分制实施的因素。在以上研究的基础上,从共性与个性、主导与主体、奖励与惩罚、学校与家庭合作、量变与质变等方面分析了德育学分制实施过程中应当处理好的几个关系,同时分析了德育学分制在实施过程中应当注意的几个问题,如德育学分制实施的严格性、真实性、公正性、透明性;实施方法的原则性与灵活性等。最后,从环境保障、制度保障、思想保障、组织保障等方面分析了德育学分制实施的保障措施。

第一部分 选题缘由

一、选题的现实依据

(一)中职学生思想道德现状令人担忧,管理难度较大

1. 不良行为习惯突出,自控能力不强

相当一部分中职学生法制、纪律观念淡薄,旷课、逃学、早恋、打架斗殴、敲诈勒索、乱扔垃圾、破坏公物、辱骂教师的现象经常发生,少数学生在日常生活中自私自利,对家庭、集体和社会缺乏责任感,一切以自我为中心,我行我素,明知不可以违反学校的规章制度,但因自控能力较差,时常做出违规行为,且屡教不改。

2.学习基础和能力差

一些学生在初中阶段没有打下良好的学习基础和养成良好的习惯，学习主动性、积极性差，不爱学习，不会学习。进入中职阶段后，不求上进，学业难有成就，大多数人以“车到山前必有路”安慰自己，以“混”的方式来打发学习、生活。因文化基础课如数学和英语等普遍较差，对于全新的专业基础课和专业技能课，他们学起来更感吃力。

3.多以自我为中心，缺乏社会责任感

现在的职业学校学生做事总是从自身的角度出发，只顾自己，缺乏团结友爱、互帮互助的意识和社会公德。凡是对自身有好处之事积极要求参加，而对自身好处不大之事，就推推让让，参与的热情不高。

4.意志力差，是非观念淡薄

现在，许多中职学生由于家长的娇生惯养，无原则地溺爱、宠爱，加上家庭条件和社会环境的影响，缺乏独立自主的生活能力，缺乏克服困难的决心和毅力，缺乏艰苦奋斗、勇于创业的精神，遇到困难，不思进取，不谋求解决，只有退缩或放弃。有的中职学生就业后缺乏吃苦耐劳的精神，嫌工作吃力、工作时间长而放弃就业机会，游荡于社会。一些学生讲究吃穿，追求物质享受。多数学生不知艰苦朴素是什么意思，沉迷于网吧、游戏厅。在人际关系上追求“义气”，认为为朋友的事两肋插刀是天经地义，不能正确地处理讲义气与讲原则之间的关系。

5.追求异性，早恋现象突出

由于社会生活水平的提高，中职学生的生理成熟期提前了许多，因此，他们对异性比较敏感。再加上各种报纸、杂志、电视，特别是网络等媒介的催化作用，一些学生把精力用于早恋而影响了自身的发展。

(二)原因分析

1.社会原因

新时代的变化给中职学生的思想道德教育带来了严峻的挑战。随着世界经济全球化、信息网络化时代的到来，全人类的生产方式、社会意识和日常生活都发生了深刻的变化。首先，信息网络化作为一把双刃剑已经对我国传统的思想道德教育的理论与方法提出了严峻的挑战。网络的出现和发展，以其特有的平等性、开放性和互动性迎合了中职学生的价值取向，高效、便捷的信息传递模式赢得了学生的认同，在一定程度上给中职学生的学习和生活带来了方便。其次，经济全球化使我国进入世界一体化进程，但严峻的就业形势却日益显露。由于学历层次的差异，学生在就业时处于弱势地位。为了增加竞争力，学生大都注重专业知识和技能的学习，而对思想道德教育形成一种偏见，把思想道德教育仅仅看成一种理论说教，忽视了“成人”与“成才”的关系，形成对思想道德教育的误区。而当代中国正处于从农业社会向工业社会、从计划经济向市场经济转轨的社会转型期，所以，对当前青少年道德教育问题的研究应当放在社会转型这个大背景下进行。作为德育工作者必须清醒地认识到，社会转型对我们来说既是难得的历史机遇，又是严峻的现实挑战。在社会主义市场经济逐步建立和发展完善的过程中，在新的体现时代精神的社会主义道德规范体系建立之前，社会主义市场经济在作为促进道德发展的重要动力的同时，又必然对人的原有的思想道德观念产生冲击，使当代青少年经历一场前所未有的思想道德观念的巨变。他们在道德认知上的模糊、评价上的失范、选择上的扭曲都说明了这一点。社会上的唯利是图、金钱至上、尔虞我诈等极端利己主义的蔓延，赌博吸毒、卖淫嫖娼等丑恶现象的存在也严重影响到在校学生的身心健康发展，导致中职学生思想道德滑坡，管理难度加大。

2. 教育原因

中等职业教育旨在培养以适应社会需要为目标的中等技术应用性专门人才和劳动者。因此，中等职业教育在专业理论上以“够用”为原则，强化学生的技术操作。这在某种程度上增强了学生的就业竞争力，但其缺陷也显而易见，即将理论“够用”原则套用在思想道德教育上，压缩思想道德教育的内容和深度，从而弱化了对学生的思想道德教育。相当部分学生在就业时还要面临单位的“不认同”，甚至是“歧视”。这种现实给学生造成一种心理上的压力，同时加上学习基础的差异，进而使学生产生自卑心理。这种心理问题的出现使得学生在处理问题时或者过分不冷静，走极端，或者逆反心理较强，做出某些过激行为，从而导致道德知行分离。

另外，我们的学校德育由于目标、内容、过程以及教育者教育观念等存在多方面的问题造成了学校德育工作的低效，出现了爱国主义教育未深化、青春期教育不足，而挫折教育、传统美德教育、职业道德教育等又严重滞后的尴尬情况，必然造成中职学生思想道德教育受到严重影响，学生管理也必然受到空前的挑战。这种挑战的实质就是迫在眉睫的学校德育的实效性问题，从而迫切要求探索出一种能够适应当前情况，既能促进学生道德成长又能提高管理效率的德育和管理模式。

二、选题的政策依据

我国中职学生的德育现状引起了党和国家的高度重视，中共中央国务院制定并下发了《中共中央、国务院关于进一步加强和改进未成年人思想道德建设的若干意见》。教育部、中宣部、中央文明办、人力资源社会保障部、共青团中央、全国妇联联合下发的《关于加强和改进中等职业学校学生思想道德教育的意见》要求:要充分认识加强和改进中职学生思想道德教育的重要性和紧迫性,并且提出了加强和改进中职学生思想道德教育的指导思想、基本原则和主要任务,要求要努力拓展新形势下中职学生思想道德教育的有效途径。

中职学生德育现状不容乐观,学生管理难度很大,需要探索新的德育方式以适应中等职业教育学生的有效管理和道德成长的需要。在众多的尝试中,德育学分制的探索与实施就是一种有益的尝试。在中职学校实施德育学分制,能够有效地提高学生管理效率,促进学生道德成长,成为中等职业学校德育工作的一种有益探索。

三、研究现状

目前,我国针对德育学分制的专题研究并不多。据中国期刊网的资料统计,1980～2010 年有关德育学分制专题研究的文章内容,主要集中在德育学分制的初步的理论假设的探讨上,对于德育学分制在某一类型教育中的应用研究还处于空白状态。

四、研究意义

理论意义:德育学分制在中等职业学校学生管理中的应用与研究有利于我国德育理论的充实和完善。造成我国中职学生德育现状堪忧和管理难度较大的重要原因在于我国中职德育理论不能够适应新情况下中职德育的需要。德育学分制的研究其目的之一在于在新的形势下充实和完善德育教育的相关理论,为我国新的德育方法、德育模式的创新与应用奠定理论基础。

现实意义:本课题研究致力于中职学校学生德育模式、方法的创新,以图有利于中职学校德育效果的提高。德育学分制的研究为中职德育提供了一种有效的德育路径,德育学分制的实施有效地促进了中职学生的德育效果,为我国中职学校学生德育途径的创新提供了有益的借鉴。

五、研究思路

本课题研究以我国中职学生德育现状、成因以及中职学生管理中出现的问题作为课题研究的现实基础,以山东省齐河县职业中专德育学分制实施的实践经验作为课题研究的实践基础,以中职学生道德成长的规律及德育学分制与中职学生道德成长的关系作为研究的理论基础。重点分析了德育学分制的内容、影响德育学分制实施的因素,最后提出了德育学分制在实施中应该注意的问题和德育学分制在中职学校实施中的保障条件等。

六、研究方法

(一)实验法

实验法是本课题研究的重要方法,通过对特定范围内的学生实施德育学分制,观察德育学分制实施前后学生的思想道德现状和管理效率的变化,或者观察实施德育学分制的学生和没有实施德育学分制的学生思想道德现状、日常行为规范、学习态度等的差异。

(二)比较法

比较法是本课题研究的一个重要方法,包括水平比较和垂直比较。水平比较,即对实施德育学分制管理和没有实施德育学分制管理的学生,在思想、日常行为、学习态度及效果等方面比较;垂直比较,即对德育学分制实施以前和以后学生在思想、日常行为、管理效率、学习态度及效果的变化等方面进行比较。

(三)文献法

文献法通过数据库、互联网检索,对国内外相关文献进行查阅、收集,整理与中职学生德育和管理有关的资料。文献的主要来源有各类学术核心期刊、其他学科学术期刊、期刊论文、专著、学位论文等。

资料整理分析的步骤是:

1.选择合适的资料

因为研究的内容涉及面较广,要求有大量的资料与之相适应,并回答所要研究的各个问题,这就要求在大量的资料中选择最合适的内容和最有说服力、代表性的资料。

2.处理资料

一是对收集的所有资料按研究设计进行分类,以便查用;二是对分类的资料进行思考、提炼,分辨出不同的理论观点以便于比较借鉴。

3.资料来源的说明

资料收集的一个非常重要的工作,就是说明所有资料的来源,并使这种资料能够被理解。在文献研究中,必须对所用资料进行注释,并且一定准确记录资料的来源和出处,否则,资料的可靠性和准确性就会受到质疑。

(四)问卷调查法

通过调查问卷的方式了解特定专业的学生实施德育学分制以前和以后思想品德的变化,或者实行德育学分制一定时间以后和没有实施德育学分制的学生的基本的思想道德观念的变化。为此，课题组精心制作了《关于我校学生思想品德状况的调查问卷》，共600份。德育学分制在机电专业实施一学年以后，与没有实施德育学分制的数控专业的学生同时进行了问卷调查，对比数据后得出结论。

(五)跨学科研究法

德育学分制在中职学校学生管理中的应用与研究不仅涉及德育领域，而且还与心理学、社会学、管理学等领域密切相关，因此，必须借鉴这些学科的相关概念、理论和研究方法，进行跨学科研究。

第二部分 德育学分制

一、相关概念界定

(一)德育学分制的概念界定

传统的德育评价模式，是以学生考试成绩为主和教师对学生的印象进行的德育总评。“德育学分制”考评方案旨在变管理为服务，调动学生的主观能动性，为学生提供一个宽松、自主的学习环境，打破旧的主观评价学生的评价体系，将德育活动制度化、学分化以及德育目标详细化。它也是为了增强学生的规则意识，懂得要为自己的行为负责，同时也是为了更好地引导学生为自我发展做积极准备。

德育学分制要求学生在校期间必须获取一定的德育学分，否则将影响其毕业和期末的评优。它对学生在校期间的日常行为规范、态度、个人生活习惯、集体活动表现、社团活动、遵守学校纪律、参加公益劳动以及清洁卫生等方面情况进行全面考评，由系、班主任、班级德育学分评定小组共同操作，学校专门成立评定督促小组。希望通过德育学分制的推广，能够促进学生增强自身管理日常事务的能力，改变学校原来教育学生“查、盯、管”的被动模式。

(二)中等职业学校的概念界定

中等职业教育是我国高中阶段教育的重要组成部分，担负着培养数以亿计高素质劳动者的重要任务，是我国经济社会发展的重要基础。

中等职业学校主要招收初中毕业生或者同等学历者，基本学制以3年为主；招收普通高中毕业生或同等学历者，基本学制以1年为主。

中等职业学校培养与我国社会主义现代化建设要求相适应，德、智、体、美全面发展，具有综合职业能力，在生产、服务一线工作的高素质劳动者和技能型人才。他们应当热爱社会主义祖国，能够将实现自身价值与服务祖国人民结合起来；具有基本的科学文化素养、继续学习的能力和创新精神；具有良好的职业道德，掌握必要的文化基础知识、专业知识和比较熟练的职业技能；具有较强的就业能力和一定的创业能力；具有健康的身体和心理素质；具有基本的欣赏美和创造美的能力。

（三）学生管理的概念界定

"管"，即管制，采取措施来约束。"理"，即调理、理顺，采取措施理顺关系。学生管理就是学校采取各种措施来约束、调理学生的思想、行为，以促进学生思想道德行为规范，促进学生道德成长。

二、德育学分制管理制度的内容

（一）选课制

为有效解决学生在学分制条件下逐步培养和强化起来的学习选择和自主意识与以往强制性的学习方式形成的矛盾，在德育课程中引入选择和竞争制，即选课制。开设德育必修课的教师要有公开课，学生可在公开课听讲时领略教师的教育风格、教学方法和手段，按照自己的意愿选取教师，这既能完成德育学分要求，也能有效提高学生自主学习的兴趣。

（二）考评制

以班级为单位，要求班主任注意德育学分制对学生评价的经常性、民主性、全面性，注意自评和他评相结合，注意定量和定性相结合。在评价中注意学生的自我评价和德育学分的评价相结合，想尽方法让学生在评价中自我诊断、自我调整、相互启迪、共同进步。按要求对学生进行德育课程考核，必修课或选修课都要在规定时间内完成考核，考核形式由任课教师根据授课内容和授课对象自主决定。

（三）申诉制

对德育学分不及格的学生进行教育，具体形式是召开德育学分不及格学生申辩主题班会。参加申辩的学生是自愿的，他们按照要求谈自己：目前德育学分得了多少，失分原因是什么，有没有加分的条件以及对德育学分不及格的认识。最后，由班干部、学分监督委员会和班主任每人一票给予打分，学生代表当场算出平均分数，充分体现公平、公正。

(四)齐河县职业中专德育学分制的实施细则

齐河县职业中专德育学分制的实施细则参见附件一。

第三部分　德育学分制的研究基础

一、态度与品德形成的三个阶段

(一)依从

依从包括从众和服从两种。从众是指人们对于某种行为要求的依据或必要性缺乏认识与体验而跟随他人行动的现象。服从是指在权威命令、社会舆论或群体气氛的压力下,放弃自己的意见而采取与大多数人一致的行为。服从可能是出于自愿的,也可能是被迫的。被迫的服从也是顺从,即表面接受他人的意见或观点,在外显行为方面与他人一致,但在认识和情感上与他人并不一致。

依从阶段的行为具有盲目性、被动性、不稳定性,随情境的变化而变化。此时,个体对道德规范行为的必要性缺乏充分的知识,也缺乏情感体验,行为主要受控于外在压力(如奖罚),而不是内在的需要。依从则可能得到安全,否则将得到惩罚。可以说,处于依从阶段的态度与品德的水平较低,但却是一个不可缺少的阶段,是态度与品德建立的开端环节。

在反复实践的基础上,个体可以学习到各种具体的行为方式,逐渐获得做出某些行为的必要性的认识与体验,从而使态度与品德的学习逐步向深处发展。

(二)认同

认同是在思想、情感、态度和行为上主动接受他人的影响,使自己的态度和行为与他人相接近。认同实质上就是对榜样的模仿,其出发点是试图与榜样一致。与依从相比,认同更深入一层,它不受外界压力控制,行为具有一定的自觉性、主动性和稳定性等特点。主体虽然对道德行为规范本身仍缺乏清楚而深刻的认识与体验,但由于对榜样的仰慕,在行为上就试图一致。认同的愿望越强烈,对榜样的模仿就越主动,在困难面前就越能表现出坚强的意志和毅力。榜样的特点、榜样行为的性质、示范的方式等都影响着认同。

(三)内化

内化指在思想观点上与他人的一致,将自己所认同的思想和自己原有的观点、信念融为一体,构成一个完整的价值体系。由于在内化过程中解决了各种价值的矛盾和冲突，当个人按自己内化了的价值行动时，会感到愉快和满意；而当出现了与自己的价值标准相反的行动时，会感到内疚、不安。在内化阶段，个体的行为具有高度自觉性和主动性，并具有坚定性，表现为"富贵不能淫，贫贱不能移，威武不能屈"。此时，稳定的态度和品德即形成。

德育学分制的制定与实施遵循道德成长的一般规律。通过制定积极的、符合主流道德价值倾向的规章制度，并付之一定的学分，学生的行为符合这些要求便能够获得相应的学分顺利毕业，若不符合或违背这些要求便会受到相应的惩罚，甚至因不能达到所要求的学分而不能毕业。因此，中职学生会努力使自己的行为、思想符合德育学分制所规定的内容。这一阶段便是道德成长过程中的依从阶段。通过长期践行德育学分制的要求，中职学生便逐渐认同这些规章制度的具体内容，再经过更长时期的践行以后，学分制的内容所倡导的价值理念就逐渐地由认同达到内化，形成自己的价值理念，从而有效地促进了中职学生的道德成长。

二、影响品德学习与形成的一般条件

(一)外部条件

1. 学校和家庭环境

研究表明，学生的态度和品德特征与家庭的教养方式密切关系。若家庭教养方式是民主、信任、容忍，则有助于优良态度与品德的形成与发展。若家长对待子女过分严格或放任，则孩子更容易产生不良的、敌对的行为。

同样，学生品德的形成也会受到校园环境的影响。和谐的校园环境和校园文化能够陶冶学生的情操，塑造学生良好的个性，为学生遵守学校纪律创造良好的氛围。校园环境脏、乱、差，校园文化体现的价值倾向相互冲突则不利于学生优良品质的形成和道德行为的规范。

2. 社会风气和网络环境

社会风气由社会上的舆论、大众媒介传播的信息、各种榜样的作用等构成。作为社会的一个成员，学生不可能与社会隔绝，也无力控制、净化社会环境，再加上自身的选择、判断能力有限，因此，社会上的良好与不良的风气都有可能影响其道德信念与价值观的形成，这也使得德育工作难度加大。

中职学生道德成长也必然受到网络的影响。互联网的快速发展给人类生活的各个领域产生了越来越重要的影响。在已经步入信息化社会的今天，"上网"已经成为一种时尚，而在庞大的网民群体中，青少年占了很大的比例，并且还在逐步增多。据调查，目前网民中18～35岁的青年占85.8%，18岁以下的占2.4%。互联网带给我们的巨大影响中，对青少年的影响有积极的方面，也有消极的、负面的方面。因此，必须重视网络对学生道德成长的影响。

3.同伴群体

归属于某一个团体的需要是个体的一种基本需要，因此，正式的班集体、非正式的小团伙等对学生都具有一定的吸引力，他们试图使自己的言行态度与同伴群体保持一致，以得到同伴群体的接纳和认可。可以说，学生的态度与道德行为在很大程度上受到他们归属的同伴群体的行为准则和风气的影响。因此，必须重视学生社团的建设，使学生社团成为遵守学校规章制度、积极活跃、追求进步的主体，用团体的作用促进中职学生优良品德的形成。

(二)内部条件

1.认知失调

人类具有一种维持平衡和一致性的需要，即力求维持自己的观点、信念的一致，以保持心理平衡。当认知不平衡或不协调时，比如，新出现的事物与自己原有的经验不一致，或者自己的观点与他人的、社会的观点或风气不一致等，这时内心就会有不愉快或紧张的感受，个体就试图通过改变自己的观点或信念，以达到新的平衡。可以说，认知失调是态度改变的先决条件。

2.态度定势

个体由于过去的经验，对所面临的人或事可能会具有某种肯定或否定、趋向或回避、喜好或厌恶等内心倾向性，这种事先的心理准备或态度定势常常支配着人对事物的预料与评价，进而影响着是否接受有关的信息和接受的量。假如学生对教师有消极的态度定势，则教师的教诲与要求可能会成为耳旁风，甚至引发冲突。帮助学生形成对教师、对集体的积极的态度定势或心理准备，是使学生接受道德教育的前提。

3.道德认知

态度与品德的形成与改变取决于个体头脑中已有的对道德准则和规范的理解水平和掌握程度，取决于已有的道德判断水平。根据皮亚杰和柯尔伯格的研究，要改变或提高个体的道德水平，必须考虑其接受能力，遵循先他律而后自律、循序渐进的原则。比如，当学生的道德能力处于其发展的第三阶段时，最好向他们讲解第四阶段的道理，否则一味向他们灌输第五阶段或第六阶段的大道理，即使他们可以熟记这些大道理，也不能被他们的认知结构同化，自然也不能作为一种内在的道德信念来指导行为。实施道德教育时，不应只注意道德教育的形式，进行道德说教，而应结合学生的实际生活和切身体验，晓之以理。

德育学分制在中等职业学校的实施也必须重视内部条件对中职学生道德成长的影响。要适时调节学生道德认知的失衡，积极创造条件使其向正面价值观念转变，要注意使学生形成积极的态度定势，同时要更加重视中职学生对道德准则的认识水平和理解能力的提高。

第四部分 德育学分制的特点

一、突出学生行为表现，使其养成良好的行为习惯

德育学分制是对学生知（认识）、情（情况）、行（行为）、意（意识）等进行的综合性总评，把学生的突出行为（如出勤、拾金不昧、助人为乐等）纳入德育评价范围，通过加分或减分的办法，引导学生形成自我约束能力和辨别是非能力，由他律变为自律，由被动做“人”到主动行“仁”，提高学生的思想品德。

二、寓德育于其他各育中，提高学生的全面素质

德育学分制体现了德育在素质教育中的核心位置。考评中，将学习成绩、参加社团活动和社会实践等都列为德育成绩的一部分，有利于鼓励学生勤奋学习和积极参加学校各项活动、体育活动，锻炼强健体魄，提高综合素质。

三、突破学科职能思想，增强德育合力

传统评价模式下的德育工作中，人们的潜在意识认为，这是德育课教师和班主任的事，其他人参与较少。德育学分制要求教育者和被教育者人人参与，大家介入，相互监督，用事实说话，公正、准确、客观地评价每一位学生，增强了德育工作的合力，提高了德育工作的实效性。

四、突出管理育人的目的

现代的德育工作，改变了以往注重对学生的“管”，加强对学生的“育”，通过记分，明确指出错在哪里，应该怎样做才行。使学生对自己的错误有明确的认识，认真改正和提高，达到管理育人的目的。

五、避免德育的盲目性，使德育工作有的放矢

传统模式下的德育评定，教师往往凭学生的考试成绩和平时的印象，在“操行”栏中填上“优”或“良”，评价结果千篇一律，如出一辙。而德育学分制是根据每位学生平时的知、情、行、意等第一手资料的积累而进行的综合性总评，避免了德育评价的主观性。同时，评比小组统计结果反映的德育差生（60分以下者），要求教师必须立足现实，深入学生，剖析德育差生存在的主要问题，做好德育差生的转化工作。

第五部分 德育学分制与中职学校学生品德成长的关系研究

一、德育学分制与学生品德成长的关系

(一)德育方式与学生品德成长的关联性

德育目的实现与德育方式具有重要的关联性,二者是手段与目的的关系。德育方式直接影响着德育效果的提高和德育目的的实现。符合中职学生德育规律的德育方式能够直接促进中职德育效率的提高和德育目的的实现,从而最大限度地促进学生的道德成长;反之则不利于德育效率的提高和德育目的的实现,最终影响到中职学生的道德成长。

(二)德育学分制在中职学校德育工作中的重要作用

德育学分制作为一种有效的德育方式,能够有效地促进中职学校的德育效果。德育学分制的实施能够有效地促进中职学生道德认识的自觉性和认识能力的提高,能够有效地促进学生道德行为的正确性和对道德行为的反思能力,能够有效地提高中职学生道德信念的坚定性。

二、德育学分制的实施对学生道德认识的促进作用

为了验证德育学分制对学生道德认识提高的促进作用,齐河县职业中专将2008级机电专业和数控专业的学生做了对比实验。机电专业学生管理全面实施德育学分制,数控专业学生则仍按原来的学生管理和德育方式进行管理。为了验证德育学分制对学生道德认识的促进作用,实验进行一年以后,对两个专业的学生进行了问卷调查,发现两个专业的学生在道德认识方面出现了比较明显的差异。

在基本道德观念方面,"你对'理想,理想,有利就想;前途,前途,有钱就图'的看法"的回答中,数控专业学生表示"同意"的占60.1%,表示"不同意"的占20.4%,机电专业学生表示"同意"的占40.2%,表示"不同意"的占37.1%。在回答"一些报道中,落水儿童无人相救情况下,你对众多的围观者的行为评价"时,数控专业有39.4%的学生认为"算不上不道德行为",29%的学生认为"不清楚",而机电专业有30.1%的学生认为"算不上不道德行为",27.3%的学生认为"不清楚"。在对于"学校组织同学们清洗街道护栏"问题上,数控专业有38.3%的学生认为"应该付给报酬",机电专业有35%的学生认为"应该付给报酬",认为"无所谓"的学生比例分别为20%和21%。对于"宗教信仰与封建迷信是否

有区别”的回答中，40%的机电专业学生和38%的数控专业学生认为“有区别”。对于“有同学认为很多成年人都在赌博，所以中学生赌博不算错误行为”，机电专业有50.1%的学生表示“不赞同”，而数控专业有30.4%的学生表示“不赞同”，数控专业表示“赞同”的占学生总量的34%，机电专业则占28.9%。在对“社会上的电脑彩票是一种赌博吗?”答“是”的数控专业与机电专业学生比例基本相同，分别为80.1%和79.4%，答“不清楚”的学生比例分别为10.1%和9.9%。在认为“酒后肇事可以不予以追究责任”的学生中，数控专业和机电专业的学生分别占到20.3%和15.2%，认为是“错误行为，但可原谅”的数控专业学生占39%，机电专业学生占27.6%，认为“照常追究责任”的数控专业学生占37.6%，机电专业学生占40.1%，认为“错上加错应加重处罚”的数控专业学生占12.1%，机电专业学生占15.7%。对于“商贩在知情的情况下向未成年人出售香烟的行为”，认为“很普遍，不算什么”的数控专业学生占39.1%，机电专业学生占32%，认为“不好说清楚”的数控专业学生占36%，机电专业学生占27%，认为“是犯法行为应予以制止”的数控专业学生占25.9%，机电专业学生占41%。在“职业中专毕业证是一种商品，既然自己交了钱就该得到”的观点上，数控专业有45.2%和机电专业有43.7%的学生表示“赞同”，数控专业有37.5%和机电专业有40.1%的学生表示“不赞同”，表示“不清楚”的数控专业和机电专业的学生比例分别为17%和16.2%。

从以上数据可以看出，在基本道德观念方面，实施德育学分制一年后的机电专业学生，与没有实施德育学分制的数控专业学生相比，学生的世界观、人生观更为正确，是非观念相对更加明确。

在不健康的自我意识方面，对是否想参与“求签问卦的迷信活动”中，答“是”的数控专业学生占29.1%，机电专业学生则占27.4%，其动机主要集中在“图好玩”和“想知道自己的未来”。对“在公众场所，中学生口叼香烟的形象”，认为“很酷，有风度”的数控专业学生占29.1%，机电专业学生占21.2%，认为“不算什么”的数控专业学生占39%，机电专业学生占20.1%，认为“不文明，有损形象”的数控专业学生占34.9%，机电专业学生占48.7%。对“人生道路要靠自己去走”的观点，表示“赞同”的机电专业学生占85.4%，数控专业学生占80%。但同时对于今后工作的落实希望“靠父母的帮助”的机电专业学生占30.1%，数控专业学生占35.2%，“靠朋友关照”的机电专业学生占21%，数控专业学生占23.6%，“靠自己努力”的机电专业学生占48.9%，数控专业学生占41.2%。对“自己是否更希望告诉别人你是普高生”，答“是”的机电专业学生占60.2%，数控专业学生占59%，答“不是”的分别为39.8%和41%。对“是否认为多数老师都用歧视眼光看待你”，答“是”的机电专业学生占4.1%，数控专业学生占5.2%，答“不是”的机电专业学生占93.5%，数控专业学生占2.1%，剩余的学生答“无所谓”。在对“是否很愿意使自己在同学中有突出地位，别人都听命于你”，答“是”的机电专业和数控专业的学生比例分别为49.1%和50.2%，答“否”的分别为50.9%和48.2%。对“人不为己，天诛地灭”的看法中，表示“赞同”的机电专业学生占25.6%，数控专业学生占27.1%，表示“不赞同”的机电专业学生占73%，数控专业学生占70%。在关于“在必要时，为了集体利益可以牺牲个人利益”的看法中，机电专业表示“赞同”的学生占38.6%，“难以确定”的占40.2%，“不赞同”的占21.3%，数控专业表示“赞同”的学生占36.2%，“难以确定”的占43%，“不赞同”的占20.7%。在对“是否认为自己将成为社会需要的人才”时，答“是”的数控专业学生占60.1%，机电专业学生占69.2%，答“否”的数控专业学生占39.9%，机电专业学生占30.8%。

从以上数据可以看出，在不健康的自我意识方面，实施德育学分制一年后的机电专业学生，与没有实施德育学分制的数控专业学生相比，机电专业学生能够更加深刻地或者有更多的学生能意识到一些不健康的自我意识，从而有效地矫正自身与主流价值观念不符合的自我意识。

在性道德的困惑方面，对“中职学生因‘早恋’中行为不当造成不良后果”，表示“没什么问题”的机电专业学生占15.5%，数控专业学生占18.1%，回答“与己无关，无所谓”的机电专业学生占43.4%，数控专业学生占50.3%，回答“应当引起重视”的数控专业学生占31.6%，机电专业学生占41.1%。对于“是否异性朋友越多越好”，答“是”的机电专业学生占34%，数控专业学生占41.2%，答“否”的数控专业学生占58.8%，机电专业学生占56%。在对“现代中职学生没有关系较为密切的异性朋友极可能会被人笑话”，表示“赞同”的机电专业学生占41%，数控专业学生占45.1%，表示“不赞同”的分别占59%和54.9%。在对“中职学生‘谈恋爱’是自己成熟的重要标志”的观点中，表示“赞同”的机电专业学生占37.1%，数控专业学生占35.3%，表示“不赞同”的分别为62.9%和64.3%。在回答当异性交往中最应该注重的问题时，认为是“相互的尊重”的机电专业学生占25.7%，数控专业学生占23.6%，认为是“物质，金钱上的满足”的机电专业学生占36.2%，数控专业学生占40%，认为是“其他因素”的分别占38.1%和36.4%。认为社会上存在的“包二奶”现象是“不道德行为”的机电专业学生占47.3%，数控专业学生占47.6%，“不清楚”的机电专业学生占21%，数控专业学生占25.6%，“对有钱人可以”的机电专业学生占31.7%，数控专业学生占26.8%。

在性道德的困惑方面，经过德育学分制的实施，与数控专业的学生相比，机电专业的学生对性道德的认识比较符合社会主流道德观念和学校所提倡的男女同学交友观念。

在人际交往方面，针对交友的选择标准，“主要是为了互相关照”的机电专业学生占 35.6%，数控专业学生占 37.2%，“主要是爱好相同”的机电专业学生占 21%，数控专业学生占 25%，“主要是钦佩对方”的机电专业学生占 19.7%，数控专业学生 24%，“其他”分别占 23.%和 13.8%。机电专业和数控专业的学生在回答“你为了巩固你们之间的友谊，如果条件允许你采取的主要方式”时，选“加强学习交流”的分别占 9.4%和 12.1%，选“尽量多在一起玩”的分别占 35.7%和 40.1%，选“记住对方生日并送上生日礼物”的分别占 10.5%和 17.2%，选“经常互相请客吃饭”的分别占 44.46%和 30.6%。“在朋友与别人发生矛盾甚至发生冲突时坚决站在朋友一边并肩战斗”的机电专业学生占 52.2%，数控专业学生占 57%。回答是否认为“有必要与多个朋友结成某种同盟关系才利于保护自己或提高自己的地位”，答“是”的机电专业学生占 49.1%，数控专业学生占 52%。在回答“你热爱所在的班集体和学校吗”，机电和数控两个专业的学生答“热爱”的分别占 17.4%和 15.3%，答“较热爱”的分别占 20.1%和 19%，答“没感觉”的分别占 37%和 41%，答“较讨厌”的分别占 12.5%和 10%，答“讨厌”的分别占 15.7%和 19.3%。

在人际交往方面，经过德育学分制的实施，与数控专业的学生相比，机电专业的学生人际交往的观念趋向于理性，能够树立正确的人际观念，在人际交往中能够更好地辨别是与非。

在对周围其他群体的低信任度方面，对于“路遇困难，一个陌生人主动帮助你”，机电专业和数控专业的学生答“婉言拒绝”的分别占 24.8%和 32.1%，答“警惕地接受，半信半疑”的分别占 54.5%和 53%，答“乐于接受”的分别占 20.7%和 17.9%。对“如果稍不注意，就会被别人利用吗”，答“是”的分别占 40.8%和 43%，答“否”的分别占 59.2%和 57%。

在对周围其他群体的低信任度方面，由于受到社会不良环境的影响，两个专业的学生都表现出对周围其他群体较低的信任度，对社会的警惕性较高。可见，德育学分制的实施对学生的环境信任度方面没有起到太大的作用。

在日常行为的自我意识上，对于习惯养成问题机电专业和数控专业分别有 67.2%和 63%的学生承认自己有吸烟史，其中认为已经成瘾的分别占 27%和 29%。对于“吸烟是个人爱好，学校不应进行干涉”，表示“赞同”的分别占 43.2%和 47.1%，表示“反对”的分别占 56.8%和 52.9%。对于“有人认为酒是人在空虚、苦闷时最好的解脱方式”，表示“赞同”的分别占 28.6%和 30.1%，表示“不清楚”的分别占 25.7%和 20%，表示“不赞同”的分别占 31.5%和 49.9%。对于不健康的课余生活，承认“课余时间参加过赌博”的分别占 25.9%和 31.2%，承认“曾经因迷恋上网而导致旷课、夜不归家和白天上课就瞌睡”的分别占 36.8%和 40%。上网的主要内容是“聊天”和玩游戏的分别占 72.1%和 83%。

经过德育学分制的实施，相比较而言，机电专业的学生自我意识相对有了一定程度的提高，相对较多的学生能够意识到自己不良习惯的危害，并趋向于赞同或者认可学校对其不良习惯的校正。

在社会责任感的认识方面，机电专业和数控专业的学生对于“你认为是否有义务参与社会公益事业”，答“是”的分别占 47.1%和 53.2%，答“不是”的分别占 5.6%和 7.4%，答“应该根据实际情况而定”的分别占 47.4%和 39%。对于“当你路遇有坏人对别人行抢”，选择“想法躲起来看热闹”的分别占 15.3%和 14.1%，选择“与己无关，绕道走开”的分别占 17.2%和 16.3%，选择“赶快跑去报警”的分别占 41.3%和 39.2%。对于“天下兴亡，匹夫有责”的含义，表示“能理解”的分别占 52.1%和 58.1%，表示“不能理解”的分别占 47.9%和 41.9%。对于“当得知校内有同学约人打架”后，选择“赶快告诉学校老师”的分别占 28.1%和 35%，选择“与己无关，即刻离开”的分别占 41.5%和 37%，选择“留下来看热闹”的分别占 30.4%和 28%。

从以上数据可以看出，经过德育学分制的实施，机电专业的学生社会责任感相对强于数控专业的学生，但没有较大程度的改善，因此，这一定将成为调整德育学分制的重点之一。

在对个体责任感方面，机电专业和数控专业的学生对“是否认为本班教室的清洁应该由学校清洁工统一打扫”，答“是”的分别占 62.6%和 53.1%，答“不是”的分别占 37.4%和 46.9%。对于“18 岁以后不再依靠父母”，表示“赞同”的分别占 24.1%和 29.2%，表示“不赞同”的分别占 25%和 27%，表示“没有想清楚”的分别占 50.9%和 43.8%。对于“自己经常反省自己的行为”，答“是”的分别占 23%和 21.5%。

从以上数据可以看出，经过德育学分制的实施，两个专业的学生在个体责任感方面没有太大的变化。这与独生子女和家庭的溺爱关系较大。因此，德育学分制的实施效果高低与学生家庭有很大关系，家校合作应成为研究的重点内容之一 。

在道德意志方面，对于“自己或同学中出现的打架斗殴事件”，答“更可能是蓄谋已久”的机电专业和数控专业的学生分别占 17.8%和 18.1%，回答“一时冲动”的分别占 54.5%和 63%，答“自己没打过架，不知道”的分别占 27.7%和 18.9%。对于“你认为‘上网’很可能上瘾吗？”答“是”的分别占 47.1%和 50%，答“否”的分别占 29.9%和 30.5%，答“不知道”的分别占 24%和 19.5%。其中，答“是”的学生认为重要的原因是太好玩了、难以控制好时间的分别占 67.9%和 70.1%。回答最长持续时间时，答“10 小时以上”的分别占 21%和 27.5%。承认进入职业中专后有经常旷课现象的分别占 5.7%和 8.3%。

从以上数据可以看出，经过德育学分制的实施，机电专业的学生道德意志相对更加坚强，能够相对有效地抵制不良诱惑。

在法制意识方面，机电专业和数控专业分别有34.9%和41.7%的学生承认“不知道向未成年人出售香烟是违法行为”，分别有38.5%和40.1%的学生认为“酒后犯罪可以从轻处罚”，分别有12.1%和14%的学生认为“有些事只有通过打架才是最好的解决方式”。对于“有些青年因一时冲动酿成终身遗憾”，认为“值得”的分别占12.4%和13%，认为“为某些事情值得”的分别占12.5%和11.3%，认为“说不清楚”的分别占19.5%和21%，认为“不值得”的分别占55.6%和54.7%。

从以上政策可以看出，经过德育学分制的实施，机电专业学生的法制意识相对强于数控专业的学生，法制观念较为明确，同时思维也趋向于理性。

在职业理想方面，认为学习目的是“为社会做贡献”的分别占25.1%和26.2%，“为自己将来有个好工作”的分别占43.2%和45.1%，“不清楚”的分别占24.4%和21%，“因为父母要求自己才来上学”的分别占7.3%和7.7%。认为“学习压力与初中相比”是“更大了”的分别占9.2%和7.3%，“更小了”的分别占36.2%和35%，“差不多一样”的分别占55.6%和57.7%。认为进入职业中专后，家长对自己的要求“更严格了”的分别占16.9%和15%，“没多大变化”的分别占46.3%和49%，“更轻松了”的分别占36.8%和36%。在回答“对职业中专各科学习感觉”是“都有兴趣”的分别占24.2%和21.1%，“都没兴趣”的分别占23.9%和25%，“个别课有兴趣”的分别占51.9%和53.9%。认为“现在职业中专学生考试作弊现象”是“普遍”的分别占24.4%和27.1%，“较普遍”的分别占37.8%和35%，“一般，过得去”的分别占29.3%和27.9%，“较少见”的分别占4.6%和7,8%。对于老师监考中严格要求，认为“完全有必要”的分别占32.1%和30.1%，“完全没必要”的分别占35.9%和40.8%，“无所谓”的分别占31.9%和29.1%。

从以上数据可以看出，德育学分制的实施使学生的学习观念和学习态度有了一定程度的改变，但成效不大，这也是下一步德育学分制实施和研究的重点所在。

在就业准备方面，对于将来的职业选择，首先考虑的因素是“工资”的分别占30.2%和35.2%，“工作强度”的分别占19.8%和23.6%，“与本专业适应”的分别占20.1%和17%，“其他”的分别占11.9%和10.2%，“没想清楚”的分别占17.9%和14%。对将来顺利就业没有信心的分别占37.1%和30.2%。打算尽快就业的分别占48%和47%。

从以上数据可以看出，在就业准备方面，德育学分制对学生基本没有影响，这与德育学分制的内容在这方面的内容空缺有关系，需进一步补充和完善。

三、德育学分制对中职学生行为规范的促进作用

德育学分制的实施能够在一定程度上促进中职学生日常行为的规范性。根据德育学分制规定的具体内容，我们可以看出，德育学分制实施以前和实施以后学生的日常行为发生了明显的变化；实施德育学分制的班级与没有实施德育学分制的班级相比，学生的日常行为更加规范。

从对公物的爱护上看，实施德育学分制的班级基本上都做到了班级公物管理目标责任制，班级公物管理责任到人，班级内部和宿舍公物损坏情况大幅减少。同时，为了增加自身学分还出现了竞相争取管理公物的局面。而没有实施德育学分制的班级公物损坏情况明显多于实施德育学分制的班级，公物损坏找不到损坏人而无法赔偿的现象也比较多见。

从重大班级活动的参与上看，实施德育学分制一年以后，机电专业学生能够更加积极地参与学校组织的重大活动且效果比较好。在每周一次的升旗仪式上，机电专业学生与没有实施德育学分制的数控专业学生相比，秩序井然，服装整洁统一，基本没有迟到现象。学校组织的歌咏比赛、诗歌朗诵、立志信诵读比赛等机电专业获奖班级数量竟然超过班级总量的一半。在德育学分制实施以前，这是绝对做不到的。与数控专业学生相比，实施德育学分制的机电专业学生在班级劳动时更加积极、服从管理、态度认真、积极实干，能够保质保量地完成任务。大休离校返校时，两个专业的学生都能够及时离校，但返校情况则不一样，数控专业学生迟到现象比较多而机电专业学生的迟到现象则较为少见。

从尊敬师长、团结同学、讲文明、懂礼貌等行为表现上看，机电专业学生很少举止不文明，骂人、说脏话的现象杜绝，部分同学还能够自觉地使用普通话，留长发或怪发、穿戴不得体现象要比实施德育学分制以前少得多，与数控专业的学生相比也少得多。采用常规德育方式和管理方式的数控专业学生，以上两类不文明现象明显多于机电专业。与此同时，机电专业教学区内杜绝了随地吐痰及乱扔垃圾污物的现象。据学校纪检部调查，实施德育学分制的机电专班级内部搞小集团、拉帮结伙的现象明显少于数控专业，但对于男女同学交往举止要端庄，不准谈情说爱，不准传递纸条，不准建立所谓的“干兄弟”“干姊妹”和“笔友”，机电专业学生略好于数控专业学生，但作用不太明显。

从服从管理、遵守纪律上看，机电专业的学生能够更好地服从学校管理，遵守校规校纪。从教育处关于学生违规、违纪现象的统计结果来看，机电专业的班级违纪扣分明显少于数控专业的班级，同时每月一次的文明守纪班集体流动红旗全部被机电专业班级获得，机电专业班级“两操”“两休”第二课堂及时到位情况也明显好于数控专业班级。

从考勤和课堂秩序上看，实施德育学分制一年以后的机电专业学生上课迟到、旷课现象杜绝，课堂秩序也有了较大改观，而没有实施德育学分制的数控专业上述现象仍然较多。多数任课教师反映，机电专业的课堂秩序明显好于数控专业。

关于生活朴素、健康消费方面，由于没有可操作性方案和数据，无法证明两个专业之间学生的不同。

从学校统计的严重违纪情况来看，实施德育学分制以前，机电专业盗窃、打仗、骂人、爬墙、与校外劣迹人员往来、留宿外来人员、谈恋爱、无假外出等重大违纪现象经常发生，甚至多于数控专业。德育学分制实施一年以来，上述重大违纪现象明显减少，还出现了两个大周无重大违纪的喜人局面。可见，德育学分制的实施确实有效地减少了重大违纪现象的发生。

四、德育学分制对学生管理的增效作用

实行德育学分制，为学生提供了一个发展和自我教育的平台，让学生在日常行动规范的教育中不断进取，客观上为学生实践德育提供了导向。经过一段时间实践，不少学生已从追求学分渐渐转化为责任意识，进入了"无心插柳柳成荫"的局面。

以实施德育学分制的机电专业为例。实施德育学分制以前，机电科为加强学生管理，制定了以主管领导定期检查、班主任轮流值班、学生会全天候参与管理的学生管理制度，造成了管理队伍疲惫不堪，而管理效果不尽人意。实践证明，完全依靠盯上、靠上的管理制度可以短期内见成效但难以持久，靠此种方法实现学生对学校制度的服从到认同再到内化的过程非常困难，只有充分发挥学生道德成长的自觉性才能够有效地提高管理效率。

实施德育学分制以后，学生道德行为的自觉性有了明显的提高，在对学生管理的人力、物力投入逐步减少的情况下，学生的重大违纪、行为不规范等现象有了明显的减少，实现了学校管理的"低投入，高产出"，为学校其他专业的学生管理提供了良好的经验借鉴。

第六部分　德育学分制实施的影响因素分析

一、校园文化因素对德育学分制实施的影响

德育既有显性的方式，也有隐性的方式。所谓"显性方式"，即通过直接、有形、明显的方法，引起德育对象有意识的心理活动，从而促进其品德发展的教育方式。所谓"隐性方式"，即是通过间接、无形、内隐的方法，引起德育对象无意

识的心理活动，从而促进其品德发展的教育方式。校园和网络文化因素渗透于学生的学习和生活之中，在不知不觉、有意无意间传授给学生的某些教育影响或内容，以潜移默化的方式对学生身心发展施加影响。

(一)校园文化对德育的促进作用

校园文化是社会文化的先锋，它通过孕育和营造良好的学术环境和文化氛围，促进学生综合素质的提高，培养其“成才”。德育则帮助学生树立正确的世界观、人生观和价值观，培养其道德品质，完善其人格修养，教育其“做人”。厘清校园文化与德育的关系是实现以校园文化建设推动德育实效提高的前提。概括地说，校园文化与德育是紧密联系、相互促进的。

从德育的角度来说，首先，德育目标统领校园文化建设的目标。校园文化建设和德育在目标上具有一致性，但在层次上，德育目标高于校园文化建设的目标。教育部等部门发布的《关于加强和改进中等职业学校学生思想道德教育的意见》指出，各地各学校应通过开展校园文化建设和学生社会实践活动、心理健康教育、职业指导工作、加强校园网络管理等方式，努力拓展新形势下中职学生思想道德教育的有效途径。同时，加强学校制度建设和中职学生日常行为管理。对有不良行为的学生要重点实施帮教，有效预防校园暴力和学生犯罪。其次，德育决定校园文化建设的方向。校园文化必须以德育为指导，在多元价值观取向中，实现一元价值导向，引领积极、健康的校园文化主流。最后，德育是校园文化建设的主题。校园文化建设的内容很多，包括教风、学风和校风的建设，思想政治教育活动的实施，学术、文艺和体育活动的开展等，这些活动都要紧密围绕思想、政治、道德和心理等方面进行，始终将德育的内容贯穿其中。

(二)校园文化具有教育导向作用

校园文化的外显形态是优美的学习环境，内隐形态是以校风、教风、学风为中心形成的观念体系。良好的校园文化环境，能使学生在获得精神需要和满足的同时，将社会对个体的思想、政治和道德品质的要求内化于心并外施于行，使学生在全面、渗透式的环境中受到影响、感染和熏陶，这正是校园文化教化作用的生动体现，有助于提高学生思想境界和政治觉悟，培养乐观的人生态度，养成高尚的道德情操。校园文化是社会文化的折射，其核心是价值取向。校园文化通过各种途径把社会文化纳入自身，其内容和形式深刻地影响和制约着学生的思想品德和行为规范。

(三)校园文化具有凝聚激励作用

校园文化通过价值观的认同、人际关系的协调等途径潜移默化地影响学生的深层心理结构，从而营造出共享的、具有凝聚力的、区域性的、与社会主导文化发展相适应的文化氛围，形成自己的文化认同意识。因此，利用校园文化的内化特点和良好的文化环境对学生进行正确的引导，具有很大的优越性。学校很难通过行政命令、单一的规章制度和强行灌输去限制学生的价值观念、心理素质和意志品质的形成和培养。因此，培养学生良好的道德品质是校园文化建设的又一重要内容。

（四）校园文化的心理疏导功能

中职学生的年龄一般为 15～18 岁，正处于生理、心理由不成熟转向成熟的转型期，各种矛盾心理交织在一起，使得他们的情绪很容易受到外界的影响，心理波动较大，容易冲动，不能冷静地控制自己的情绪。据相关调查问卷的数据显示，有 1/3 的学生家庭是单亲家庭和问题家庭。这些家庭的孩子多具有自卑、抑郁、散漫、多疑、霸道、逆反等不良性格，有的还具有排他、焦躁、与人相处不融洽，以至于因为一点小事与人大打出手。实践证明，良好的校园文化氛围能够有效缓冲学生的不良情绪，减少学生的负面行为，促进学生品德与心理的修为。

（五）人格塑造功能

人格对一个人的成长与发展具有重要的作用和影响。多种调查研究证明，成功者和失败者之间最大的差异不是智力方面的差异，而是非智力方面的差异，其中人格因素起着重要的作用。健全的人格有助于人们适应急剧变化的社会，并有效地为社会服务。时代的变革必然产生层出不穷的新观念、新事物，健全的人格是人们主动、积极地调节自我、适应转变的根本保证。作为新世纪的青年一代，为适应社会发展的急剧变化，必须具有健全的人格。

德育学分制实施效果的发挥也会受到校园文化因素的影响。为促进德育学分制的有效实施，齐河县职业中专非常注重校园文化对德育的影响，精心策划校园文化建设，为德育学分制的实施奠定了良好的文化氛围。

二、德育传统因素对德育学分制实施的影响

传统指的是一个民族、一个国家或一个地区世代沿袭的、具有悠久历史的、独特而稳定的特质。传统通过世代的文化传承深深地扎根于人们的头脑中，并渗透在人们生活的各个方面，对现实教育产生正、负两方面的影响。传统的特点在于，它一经形成，其自身便产生一种文化阻抗功能。传统的这一特点，决定了它对中职学生德育的影响作用。

我们现今的道德教育，受感悟思维方式的影响，比较重视和强调道德规范

的制定与灌输，而忽视理智道德思维能力和判断能力的培养。中国传统道德思维方式中的感悟性的特点决定了中国传统德育的思维定式是强调行为的规范性，重视对已有行为规范的接受和遵从，偏重道德接受能力的培养，忽视个体能力的发展，不注重培养个体创造性地、有效地解决道德问题的能力，最终限制了国民创出新的合乎时代发展需要的伦理道德精神的能力。

德育学分制作为一种新型的德育方法，其实施效果也必然受到我国传统德育模式和德育思想的影响，特别是受感悟思维方式的影响。因此，以发挥学生自身道德成长积极性、促进自我道德成长的自主性为特色的德育学分制也必然受到德育传统的影响。因此，在德育学分制实施过程中必然要充分考虑到传统因素对德育学分制的影响，对历史上形成的德育传统要辩证分析，取其精华，弃其糟粕。

三、认识因素对德育学分制实施的影响

认识是行动的先导，认识上的偏差往往会带来政策上的偏颇和行动上的失误。德育学分制在中等职业学校的实施同样会受到认识因素的影响。

学校领导、学生管理人员、班主任、任课教师对德育学分制在学生道德成长中的重要促进作用的认识会严重影响到德育学分制的实施。任何一种管理制度的制定与实施都必须得到学校领导的认可和大力支持才能为这一制度严格地贯彻落实提供物质、组织及思想上的保障。学校领导对德育学分制的认识是德育学分制有效贯彻落实和提高实施成效的前提条件。德育学分制涉及学生管理的各个层面，其效果的显现是各管理主体共同努力的结果。学生管理人员、班主任和任课教师只要认识到德育学分制对学生道德成长和学校发展的重要作用，必然重视和积极实施德育学分制的各项管理制度，其效果必然充分发挥，否则得不到实施主体的认可，必然影响预期目标的实现。

学生对德育学分制的认识也会影响到德育学分制的实施效果。学生作为道德成长的主体和德育学分制实施的客体，必然要得到学生的服从和有效配合，实施才能达到预期目标。因此，学生对德育学分制的认识程度是学生能否服从和有效配合此项管理制度实施的前提条件。学生认识到德育学分制对自身道德成长的重要作用便会积极配合德育学分制的落实，否则因不正确的认识，必然会影响到德育学分制的实施效果。

四、主体因素对德育学分制实施的影响

学生是一个活生生的独立主体，独立自主性是其基本的行为特征。教育者必须注意维护和尊重学生的独立人格，提高其自我教育的能力。在中等职业学校德育过程中，要始终坚持学生的主体地位，保证学生独立自主地行使、支配自

己的权利，培养学生自我教育的能力。教师可以把开展活动的主动权交给学生，学生在活动中可以根据现有的条件和学分制的要求确定自己的奋斗目标。在职业学校的学习生活过程中，根据学分制的要求学习自己管理自己、自己教育自己，充分发挥自己的聪明才干。教师和管理者要为学生执行学分制的实践锻炼积极创造条件，引导而不代替。

中等职业学校德育学分制的实施应该是主体教育模式。这种教育模式应以学生为德育主体，在德育目标上突出学生的主体发展，在德育内容上以满足学生的主体需要为核心，在德育方式上充分发挥学生的主体作用，以发展学生的主体能力和塑造学生的主体人格。

在德育学分制的实施过程中，关键是要让学生成为实施德育学分制的主体。学生不是被动的德育对象，德育学分制作用的充分发挥只有得到学生的充分认可、充分配合和有效执行才能实现。以传统观念看来，教师是学生灵魂的塑造者，学生处于一种被动的地位，许多道理学生虽能理解，但并未真正进行内化、认同，不能成为学生在生活中真正奉行的行为准则，更不能体会到一种精神的愉悦。鉴于此，为保证德育学分制在学生道德成长中的作用，要让学生成为德育的主体。

五、学生家庭因素对德育学分制实施的影响

家庭因素由家庭作风、家长作风、家长对待子女的态度和家庭教育方法等构成。家庭教育理论认为，在家庭教育中，教育者（父母）与受教育者（子女）有着天然的血缘亲情关系和供养关系，教育者与受教育者更具有情感互动优势，因而更容易产生“教育共振”效应。正是从这个角度出发，我们认为家庭教育在学生德育过程中的全面性、权威性和及时性是不可低估的。美国心理学家佩克（R. Peck）、哈维格斯（R. J. Havighurst）曾采用测验法、评定法与谈话法对青少年进行研究，发现学生的态度和品德特征与家庭的作风关系甚为密切。

父母的态度、家庭的作风是影响青少年态度和品德的重要因素。目前，随着独生子女比例的不断增大，物质生活条件的不断改善，家长在教育子女的过程中，更多地表现为：过度关心子女的物质生活条件，忽略对子女的了解研究；过度的感情投入，忽视了对子女爱而勿溺、严而有格的家庭教育方式；过高的目标期望，忽视了对子女的榜样示范教育。正因如此，在许多家庭教育的实践中，家庭因素的积极优势和效应不但未得以充分发挥，而且不少家庭最终还陷入了子女教育的误区。更为重要的是由于社会环境造成的认识混乱，往往又通过家庭反射到了子女身上，使他们过早地对一些不能够理解的社会伦理思想形成定格。一旦发生错误定格，将会给今后的学校德育工作增加更大的难度。

学生首先是来自家庭，然后才进入学校和社会，家庭是社会的细胞。家庭

环境的优劣，对学生的健康成长和良好心理品质的形成以及整个社会的和谐稳定至关重要。因此，家庭教育环境的好坏对于整个德育工作的实效性起着举足轻重的作用，德育学分制实施也必然受到家庭特别是家长的制约。

德育学分制的实施必须得到学生家庭的大力支持，在德育学分制实施过程中家长要积极配合、合理引导学生，根据德育学分制的要求去规范自己的行为。如果得不到学生家庭的大力支持，德育学分制在学生道德成长中的重要作用将会大打折扣。

第七部分 德育学分制实施过程中应处理好的几个关系

在中等职业学校学生管理和学生德育中，要想发挥德育学分制的作用还要处理好几个重要的关系：定性与定量的关系、奖励与惩罚的关系、主导与主体的关系、共性与个性的关系、家庭与学校的关系。这些重要关系的科学处理必然会有效地促进德育学分制在中职学校学生管理和学生道德成长中的作用的充分发挥。

一、定性与定量的关系

思想道德教育有特殊性，重视思想道德教育，就要解决“一手软，一手硬”的问题，就要把道德教育的效果归结到量化管理，一点一滴、一言一行、一思一想都纳入量化。但全部转化为“量”，也是不科学的。应该把定性与定量结合起来，而且针对德育过程的不同阶段、不同对象和不同任务目标，定性和定量的要求也应该不一样，二者不能互相替代，但两者可以互相结合。学生日常行为规范训练、养成教育习惯、遵守校纪校规等方面可以量化，而具体思想问题的解决，个性心理的指导，世界观、人生观的培养就只能采取“润物细无声”的“潜移默化”的办法，才能有较好的效果。总之，定性与定量应结合实际灵活运用，共同对德育工作进行考核。

德育学分制在中职学校的实施必须正确处理学生道德成长过程中的量变与质变的问题，即处理好道德行为中的定性与定量的关系。在中职德育学分制的实施中，要通过学生认真执行德育学分制的要求完成道德成长中“量”的积累，实现从遵从到认同到内化的“量”的积累完成道德成长中“质”的变化。

在德育学分制实施过程中往往存在一些过高、过空、过急的现象，没有能做到从学生实际特点出发注重“量”的积累，不愿做脚踏实地的工作，总是希望某一种德育方法一旦实施便会立即见成效。其实，学生道德成长中道德观念从遵从到内化是一个相当漫长的过程，需要大量的“量”的积累，渴望一招见效是不可能的，大量艰苦细致的工作是必需的。

德育学分制的实施还必须有一套行之有效的工作考核制度，以便于量化学生道德成长。现在对智育评估非常具体，从每个年级学生和入学成绩开始，往往有一个计划指标，而在这个“量”的指导下，智育评估的措施非常完备，执行的过程步骤也很落实。而德育工作的考评在条件、措施、制度等方面都没有一套可操作的标准，使得德育工作的考评基本上无章可循，穷于应付。

二、奖励与惩罚的关系

在对个体的道德教育中，奖励与惩罚的根本作用在于对学生道德行为的正确与错误作出明确的评价，这是多数教育家关于奖惩的道德教育作用的基本认识。具体地说，他们认为，奖励的作用在于使学生懂得他们的行为是正确的，并体验到那些导致奖励的行为给自己带来的积极的影响，从而使这种行为巩固下来，或提高这类行为在以后类似情境中出现的可能性；惩罚的作用正好相反，它使受惩罚者懂得自己的行为是错误的，并且会给自己带来不良的影响，从而抑制或克服这种行为。

奖励和惩罚是中职学校德育学分制实施中必不可少的手段，运用好这两种手段必然会极大地促进德育学分制的实施效果。学校对学生的奖励一般来说有优秀学生个人和先进班集体的评选，对学生的惩罚有批评、警告、严重警告、记过、记大过、留校察看等。

以前在处理学生违纪的时候，我们没有一套成熟的处罚条例，因此，随意性较大。现在，我们制定出了比较合理的处罚条例，明确规定了处罚的范围和级别，使对学生的处罚有法可依。在有了合理的处罚条例后，更重要的就是处罚的原则和程序。

我们必须明白，处罚不是目的，它只是一种手段。因此，德育学分制的实施中，处罚的运用既要有原则性，又要有一定的灵活性。对于一些初犯且情节不严重的学生，完全可以只进行批评教育。也就是说，能够通过批评教育就能够真正解决问题的，决不给予处分。一般情况下不能用处罚来威胁学生。再如，一些一入学就表现出积习很深的学生，在给他们处分时还要留有余地。因为这部分学生往往在受到处分后有一定的收敛，但时间一长，就会再犯，而且很有可能多次复发。如果坚持按规定处罚，两三次就处罚到顶了，这既起不到作用，又让学校陷于两难的境地：一方面，学校没有权力开除学生，最多处以留校察看处分（这一点学生、家长和社会都是知道的）；另一方面，如果在处罚到顶后就不处罚了，则条例对其他学生就失去了威慑性。还有一个情况需要注意，就是心理承受力很差的学生：一是平时在班上常被荣誉包围的那些优等生，二是性格很内向、精神压抑的学生。在处理这类学生时一定要慎重，不要急，要先行疏导，争取多方配合，时机合适后再处理（如果按照常规的操作方法很有可能会出现安全问题，这几年经常有学生受老师批评后离家出走或跳楼自杀，应引起重视）。

在处罚的程序上必须注意三个环节：班主任、家长和学生本人。在宣布处罚前必须通知班主任，并通知家长，无论事实多么清楚，也要先这样做。首先，班主任是一个班的主要负责人，他有权知道情况。一来他会觉得学校尊重了他的知情权，他就会支持学校对学生的处罚，并向家长作好解释，争取家长的配合；二来便于他在处罚后对症下药地做好该学生的后续教育工作。处罚毕竟不是一件光彩的事，处理学生，教师脸上没光，家长也是一样。如果你不事先通知家长，向他说明事情的真相，他完全可能听信学生的一面之词，因为有些学生在家和在校的表现可以完全不一样。同时，很少有家长愿意相信自己的孩子犯了必须要处罚的事，在不知情的情况下得知孩子被处分，他会十分不解，甚至跑到学校大吵大闹，严重干扰学校的教育教学秩序，更别指望能让他配合学校做好孩子的转化工作了。处分给了，并不意味着处理结束了，后面还有很多工作要做。要让一个学生真正的转化，需要在情感上征服他、感化他，从而让他加强自身免疫力，用实际行动早日申请撤销处分。我们的办法是，在学期中每月召开一次受过处分学生的会议，不断从思想上教育他们，教给他们为人处世的基本方法，然后让他们每月写一次书面思想汇报。对于一些很容易再犯的学生，我们每周都要找他们谈心，让他们谈学习、谈生活、谈同学、谈高兴的事、谈困难的事等。一来可以让我们更加了解他们，二来可拉近师生之间的距离，让他们更能接受我们对他们的教育。同时，我们做好受处分学生档案，内容包括所在班级，受处分原因、时间、级别，考察期和撤销处分的时间。有了这份档案，我们就可以随时到相关班级了解受处分学生的情况。对于表现较好的，考察期到后，我们会提醒他及时写出撤销申请，组织班委会讨论，请学科教师和班主任签署意见，再送年级组审核，最后由德育处决定是否撤销其处分。由于撤销程序很严格，再加上我们持续的心理疏导，大部分受处分的学生都能真正认识到自己的错误，并鼓足信心，积极争取进步，重复违纪的情况减少很多，对于树立良好的校风十分有益。

总之，对学生的奖励或处罚是一把双刃剑，运用得不好，会适得其反。在德育学分制的实施中要把握好原则、调整好程序，要善于发挥学校德育处的主导性、体现班主任与学生的主体性，才能真正取得其应有的德育功效。

三、主体与主导的关系

德育学分制的实施必须处理好教师与学生之间的关系，即主导与主体的作用。德育必须坚持教师主导作用与学生主动性相结合这一原则。这一原则要求在德育中，既要充分发挥教师的主导作用，又要充分调动学生的主动性，并把二者有机地结合起来。教师发挥主导作用是指教师要设计和决定德育的方向、内容、方法和组织。教师不仅要引导学生自学德育知识、德育规范,而且还要向学生传授知识,并言传身教。教师要引导学生发挥主动性、积极性,并且对德育的质量和效果负责。学生作为学校德育工作的客体,要积极主动地学习,并且要对所学的知识真正理解和善于运用。在德育中贯彻这一原则,有助于正确处理以教师为主导、学生为基础的辩证统一的教学关系,有助于形成德育工作的民主氛围,有助于培养学生的积极性和主动性,有助于提高道德规范的内化效果和道德信念的形成。因此,中等职业学校德育学分制的实施必须强调德育工作者和全体教师的主导作用,这是针对"德育工作化在实践中造成的误区"而明确的。由于在理论上对德育性质和地位经历了从"教育目的"到"教育工作"的演化,在实践中也配备了一些专职工作人员,人们就误把德育仅看作是学校的一个单项工作而不是学校教学、管理和辅助性服务等一切工作的目的和归宿,把德育看作是少数专职工作者的任务,而不是全体教育工作者尤其是教师分内的工作。从认识上解决这个问题,就要明确教师的主导作用,强调学生的主体地位,不是指工作关系——教育者(教师)应是主体,被教育者(学生)应是客体的意义,而是说学校的全部人员和它的重要性。教师是德育工作的主体,学生是德育工作的客体,但德育工作者德育方法的实施必须从学生自身实际出发,其效果的发挥也必须通过学生显现出来,因为学生是其自身道德成长的主体。从哲学的内外关系上分析,教育者的教育和引导最终要落实到受教育者身上,并通过其认知和接受而发挥作用,产生或好或差的效果,外因要通过内因而起作用。因此,这种教育必须是互动的,必须发挥教育者和被教育者两者的积极性,必须坚持教育(他教)和自我教育相结合。

在德育学分制的实践操作过程中,要摆正教师的主导地位和学生的主体地位,实现自教与他教的有机结合,把上述观点贯彻在行动中。并且,关键是教育工作者要肩负起自身的责任,坚持做到:提高认识,把德育作为自身工作的重要任务而不是推卸(无论是否担任班主任);运用规律,实现由单动向互动的转化,提高受教育者的积极性,发动学生骨干开展互相教育;探讨方法,做到激发而不是压制,说服而不是命令,指导而不是包办,和风细雨而不是简单粗暴,运用培养骨干、锻造班风、制定制度、以身示范、寓教于乐等多种形式以增强教育的效果。这诚如苏联教育学家苏霍姆林斯基所说:"能够促进人进行自我教育的教育,才是真正的教育。"陶行知先生所倡导的教育思想之一就是:"德育注重自治,智育注重自学,体育注重自强。"都是讲的这个道理。

教育者应主动地给学生创造机会,让学生在自我管理的过程中通过履行德育学分制的内容来展示自我、肯定自我,让学生在引导下自己管理自己、自己管理班级。自我管理是学生自我服务、行为自律的需要。教师应抓住学生的这种积极性加以强化，让每个孩子都成为班级管理的积极参与者和行为主人，让他们乐于遵守纪律，乐于配合班级工作，也乐于为集体服务。在引导学生自我管理的过程中，教师应与学生根据德育学分制的内容，充分调动学生活动的积极性，尽量使每一位学生都能得到锻炼、展示的机会，最后要重视对活动结果的评价，要充分肯定学生的主动性、创造性，强调活动的长远意义，使学生能体会到自我管理的成功与喜悦。例如，在班级管理中，班委是学生自我管理的一种浓缩，可通过自荐的形式让每位学生参与班干部的竞选，让学生体验到靠自我努力，强化主体意识获得的超越自我的进步，将自我管理的体验内化为自身的一种道德行为准则。

四、共性与个性的关系

理论上讲，个性和共性是现实生活中同一个体上所表现出来的两种不可分割的性质。其中，个性是具体的，共性是抽象的，共性存在于个性之中，这是最起码的哲学常识，同时又是最深奥的辩证法之精髓。德育过程中也必须把握个性问题，进行个性教育，就是说要坚持集体教育与个别教育相结合的原则。

德育规范是每个个体必须遵守的行为准则，因而是普通的、社会的，是共性的，而道德教育的对象却是特殊的、个体化的，是个性的。因而，教育的实质不仅在于个体的社会化，而且还应当包括个体的个性化。实践也证明，保持个性行为的个性与创造性，同时又能自觉地适应和维护社会的道德规范，才是高明的道德教育艺术。

德育学分制的实施要认真对待德育中共性和个性的关系，就要承认并把握个性问题，贯彻集体教育与个别教育相结合的原则。在实践中，把对学生集体的教育和对学生个人的教育结合起来，不仅依靠集体来教育个人，而且还通过个别教育推动集体前进。

第八部分　德育学分制实践中应注意的问题

一、德育学分制实施的严格性、真实性、公正性、透明性

德育学分制要求教育处、班主任和班级评定小组共同参加操作，但在实际过程中，由于操笔者自身素质的差异，会影响最终评定结果的准确性，从而影响实行德育学分制的初衷。所以，对操笔者进行各方面的培训尤为重要和必需。

严格性是保证德育学分制实施的首要条件。任何制度作用的发挥都离不开严格的执行，德育学分制的实施效果也是如此。同时，德育学分制实施的真实性、透明性是提高制度说服力和公信力的最有力保证。德育学分制实施的公

正性是保证德育学分制实施的基础条件，只有保证公正性才能使学生服从或遵从德育学分制的具体规定，也有利于实现从遵从到认同的转变。

二、实施方法的原则性与灵活性

中职学校德育学分制实施工作具有较强的原则性，但在坚持原则的基础上要讲究工作方法。在坚持原则和程序的前提下，细节问题一定要注意灵活掌握。

（一）德育学分制不是万能的

在德育学分制实践过程中，出现了学生一有问题就与制度挂钩，进行扣分。部分学生因为行为习惯不好影响德育分数低，造成自己或其他同学对其道德品质产生怀疑。实际上德育素质有“规则伦理”和“德性伦理”之分，前者的状况可以通过具体的尺度加以量化，如“不准随地吐痰”就属此类，一个人在这方面做得如何，用量化的标准进行考核是可取的。但如果涉及“德性伦理”，如一个人的人生观和价值观这些个体内心世界塑造的问题，简单的量化就不足取了。如果一味地用制度量化评价学生，会改变实行德育学分的初衷。

（二）防止学生出现消极放弃思想

在实践中，一些学生因为行为规范意识不强或学习意识不强，小的违纪现象很多，从而在学期初始就被扣很多分，自认为本学期肯定德育不及格，因而出现破罐子破摔的现象，此时，班主任对他们的关注和教育、同学对他们的帮助都是非常必要的。

（三）坚持检查指导和评估激励相结合

检查是计划实施的一种保证措施。要想保证学校德育目标和学生管理目标的实施，必须对学生管理过程加以检查、评估，确立评比方案。

检查和评估中应注意以下几个问题：

第一，制定德育指标体系，运用学生管理过程分析法展开工作。

第二，发现问题不能匆忙下结论，应从动机、效果、环境等方面加以分析，提出解决办法，以强化德育的管理。

第三，评价要坚持原则，注意积累资料，要对管理过程的全部资料进行统计和分析，判断德育效果。

第四，运用德育教育成果调查法，通过问卷、民主测评、座谈、社会调查，统计各种事实的数据和比率。

第五，检查→评估→反馈→导向→提高。在检查评估的基础上，总结德育学分制的工作落实情况，核实效果，积累第一手资料。通过总结，找出工作中的成绩和不足，积累经验，从而不断提高学生管理水平。

第九部分　德育学分制实施的保障措施

一、德育学分制实施的思想保障

教师参与是成功实行德育学分制的关键，而且主要由班主任来做这项工作，所以班主任要进一步提高对德育学分制的认识。班主任要在平时的工作中注意积累资料，及时与任课教师沟通，全面掌握学生的表现，特别关注有个性、有进步的学生。教师评定时要用发展的眼光看待学生，注重全面，不要拘泥于一时一事。对有过失、有不良习惯的学生，要善于发现闪光点，从鼓励和发展的角度来评定。要通过教师的参与让学生进一步明确努力方向，发扬成绩，纠正错误，养成良好的习惯和品行。

学校领导的重视是德育学分制实施取得成功的政治保障。只有学校领导真正认识到德育学分制对学生道德成长和学生管理的促进作用，才能给德育学分制的实施给予政策和财政上的支持，为德育学分制的实施提供政治保障和必要的物质条件。

学生家庭的重视是德育学分制实施的重要外部条件，这一条件是否完备直接取决于学生家长对德育学分制的重视程度。家庭因素是影响德育学分制实施的重要因素，因此，学生家长认识到德育学分制对学生道德成长的促进作用，德育学分制的实施便会得到学生家庭的大力支持和有效合作，其效果必然得到充分发挥。

学生是德育学分制实施的客体，也是自身道德成长的主体，德育学分制最重要的作用就是通过学生行为转化成学生自身的道德品质，因此学生必须充分认识到德育学分制对其自身道德成长的促进作用，才能够得到学生对德育学分制的支持和配合，从而有效地提高德育效果。

通过以上分析可以看出，提高各参与主体对德育学分制的认识是提高德育学分制实施效果的思想保障。为此，齐河县职业中专多次召开调度会议，大力宣传德育学分制对学生道德成长和学生管理的促进作用，做到领导和教师高度重视，开展各种各样的以德育学分制为主题的学生活动，促使学生认识到德育学分制对其自身道德成长的促进作用，时刻以德育学分制的各项要求规范自己的言行；各班班主任牵头定期召开学生家长会，宣传德育学分制的重要作用，使家长能够充分认识德育学分制对其子女成长的重要促进作用，使家长高度重视，积极配合。

二、实施全员育人导师制

为提高德育学分制对中职学生管理效率和道德成长促进作用的提高，我校专门制定并实施了全员育人导师制，为德育学分制的有效实施提供了制度与人员保障。

(一)全员育人导师制

1.工作方式和目的

为保证德育学分制的有效实施，齐河县职业中专在保持现行班级的前提下，对学生进行分组，每组都有一名任课教师担任导师。导师在认真完成教学任务的同时，还要全面负责该组学生的学习辅导、生活指导、心理疏导和思想引导等方面的教育，随时为学生提供全方位、个性化的育人服务。班主任为本班导师组组长，定期召集导师，针对学生的问题一起分析学生的日常表现，因人施教，全程指导。

2.全员育人的含义

一是面向全体学生，使组内每一层面的学生都能受到来自导师的亲情关怀和来自同伴的友情帮助，关注每一位学生的健康成长，为学生的未来发展和终生幸福奠基。二是建立以班主任为核心，全体任课教师共同参与的班级教育组，构建齐抓共管的育人机制。

3.育人目标

全面实施育人理念，指导学生学会生存、学会学习、学会合作、学会创新、学会生活，培养有理想、有道德、有健全人格的社会有用人才。

4.导师的含义

导师必须履行教书育人的双重职责，并且自身在修养、视野、道德品位、人格魅力等方面有较高水平，是终身学习的教师。

领导小组制定实施方案，召开相关会议，布置实施导师制，总结经验，及时提出整改措施和意见，引领全体教师积极践行导师制。每半学期至少召开一次全员育人导师制全体调度会。

就业部负责贯彻落实，抓好班级常规督导，对导师制的实施情况及时检查通报，表扬先进，激励后进，确保导师制的成效和质量，为考评导师积累相关的依据。主任导师每周召开一次调度会；就业部每月召开一次经验交流会，每学期至少召开一次总结会。

就业部统一制定导师结对方案，安排导师，报学校批准，并组织填写全员育人导师制师生结对表。就业部、各主任导师负责抓导师常规工作的落实，统一搞好对学生的日常管理和导师的常规检查，对导师进行量化评价，定期搞好对导师的月度、年度考核工作。就业部负责对主任导师的管理、检查和评价，并定期抽查一般导师的实施情况。针对导师制实施过程中发现的问题，定期、不定期地召开各班导师会议，及时总结经验，查找不足，加强整改落实。及时做好各种材料的整理和归档工作。

由就业部负责创办德育工作简报，及时报道各班级行之有效的做法，刊登优秀学生成长记录和教师的批阅记录，宣传学生的事迹，将师生撰写的优秀文章发表在校报或校园网上。

(二)建章立制

1.分配受导学生办法

保持原行政班级不变进行分组，学生层次相互搭配(层次复杂或低层次比重大的小组，班主任、领导干部优先)、就近承包(教师关系、招入人优先)。每组学生5～8人，每组都有一名任课教师或管理干部担任导师。导师在认真完成教学任务和相应职责的同时，还要全面负责该学生的学习、生活、心理和思想引导等方面的教育，随时为学生提供全方位、个性化的育人服务。

2.主任导师职责

班主任为本班主任导师，要定期召集本班导师会，针对班内的问题一起分析学生的日常表现，因人施教，全程指导。

(1)努力学习成功激励教育理论精髓，不断提高工作水平；对学生进行思想引导、心理疏导、生活指导、学业辅导，加强学风、班风建设。

(2)给导师提供受导学生的具体信息。

(3)每日工作：每天督促学生朗读成功激励教育信件，督促学生认真阅读励志书籍、书写每日成长记录；及时批阅承包学生的成长记录。

(4)每周工作：主持召开每周一次的主题班会，总结上一周学生的表现、上封信的阅读情况、成长记录书写情况，并让读信认真且实际行动效果好的学生交流心得，交流各导师推荐的优秀成长记录。同时，结合信件的内容、学校的班会材料并针对班级的情况，提出具体的要求。对学生进行励志激励教育，激励学生走向成功。积极征求并采纳导师关于主题班会的建议。要求学生写一篇300字以上的一大周心得体会。

(5)每一封信的阅读结束后撰写一篇叙事反思记录。

(6)每周召开一次调度会，协调督促各导师对学生进行具体指导，并积极配合各导师做好学生工作。

(7)阅读完每一封信后，至少召开一次导师联席会议和班级学生座谈会。

(8)关注班级内不积极读信的学生，以及在励志教育中收获甚少者，并进行教育。

(9)根据学校的统一安排,做好导师评价及各项常规工作。

3.一般导师职责

(1)关注受导学生的思想品德、行为上的细节表现,通过有效的方式表达自己对学生的肯定,如讲课时肯定的眼神、笑容、手势等。对学生进行积极的心理暗示,使学生相信“我能行”“我是最优秀的”,帮助指导受导学生形成良好的思想品德。

(2)导师每周至少到受导学生的宿舍走访一次,及时了解学生在宿舍的生活纪律情况,督促学生维护好宿舍卫生。关心学生身心健康,对受导学生进行心理疏导和健康指导,帮助学生解决学习、生活、心理、身体等方面的困惑。

(3)关心学生的学业进步及个性特长发展,指导学生改进学习方法,建立学生激励成功教育档案。主要内容有学生家庭背景信息,检查学生填写的成功记录表的情况、学生阅读心得、学生自我反思材料、学生汇报思想情况等,帮助学生提高学习能力。

(4)指导学生合理安排课余生活,帮助学生科学制定假期生活方案和学习、活动计划,引导学生参加积极向上的文体活动。

(5)经常与受导学生家长及其他任课教师交流,全面了解学生表现,促进学生全面成长。

(6)指导学生建立中长期人生发展规划,引领规划的落实。帮助学生制定具体明确的跳一跳够得着的月目标、学期目标,可以是学习或纪律的某些具体方向。

(7)及时做好学生成长记录的检查批阅,督促指导学生认真填写每日成长记录。导师要对学生的成长记录每天检查批阅一次,对学生的阅读心得每周审定一次,并存档。每三周审阅一次学生自我反思材料,并存档。每周至少和受导学生交流思想两次,并记录存档。导师必须用心批阅成长记录,不能简单地写一个“好”,而是把它看成与学生的一次心灵对话,把它作为和学生谈心的另一块阵地,及时发现学生的闪光点,开发学生潜能,让学生不断获得成功的体验,使学生成长的动力不断得到激发和维持。对于好的成长记录及时推荐给班主任,以作为班会交流发言的材料。对存在问题的学生要及时交流,如召开受导学生会,宿舍内部交流学习及畅谈读信体会等,提出要求,做好自我反思。

三、优化校园文化建设

校园文化是影响德育效果的重要因素,德育学分制实施效果也必然受到校园文化的影响,因此,必须优化校园文化建设,为德育学分制的实施创造良好的环境氛围。

(一)充分发挥校园网络的作用

社会文化的力量不仅取决于其自身的大小,而且还取决于是否被传播及传播的深度和广度。当前,信息技术和网络的蓬勃发展也给校园文化建设带来了契机。中职学校应正视这一现实,在校党委、团委的领导下,继续完善传统传播媒介,加大文化传播,增强德育实效,如通过校广播站、校报和校刊等开辟时效性和针对性较强的寓教于乐的栏目,设立定期的德育论坛,促使各种信息得以上通下达。并在此基础上,把握时代特征,研究学生的思想和心理变化规律,健全网络传播系统,因势利导地开展网络环境下的德育工作。

德育学分制的实施也必须充分发挥网络的作用,用网络的力量为德育学分制的实施创造良好的氛围。学校要充分利用网络来宣传德育学分制对学生成长的重要意义;明确德育学分制的具体规定;增强学生通过德育学分制提高道德水平的意识;对德育学分制实施过程中出现的问题及时通过网络予以公布,从而达到"鼓励先进,鞭策后进"的重要作用。

(二)开展多样的校园文化活动

校园文化活动是校园文化的载体,其组织形式、活动内容、精神风貌、文化内涵等直接影响着校园文化的建设与发展。校园文化建设应着力创新校园文化活动的形式和内容,通过开展一系列积极向上、活泼新颖、精彩纷呈的校园活动,改变中职学校校园文化活动内容单一、质量不高的局面,增强校园文化活动的思想性、知识性、艺术性和高雅性,从而使校园文化得到提升和优化。

校园文化活动应突出特色主题。学校应紧扣德育学分制这一主题,通过座谈会、报告会、征文、演讲比赛等形式加强宣传德育学分制,用德育学分制的内容以不同的形式充实学校组织的各种活动。通过活动的开展促使学生自觉遵守学校的各项规章制度特别是德育学分制规定的各项内容 。

(三)充分发挥学生社团和学生会的重要作用

中职学校学生社团是在学校有关部门的领导和管理下,由学生根据自己的特长和爱好自愿结成的组织,是校园文化建设的推动者和德育实践的实施者。在一定程度上说,学生社团的建设关系到校园文化活动的品位和效果。因此,为德育学分制的实施创造良好的氛围也必须充分发挥学生社团的重要作用。职业学校学生会是学生管理的一支重要力量,要充分发挥学生会在德育学分制实施中的带头作用和监督作用。学生会成员带头严格遵守德育学分制的规章制度,同时对德育学分制的实施进行及时地、严格地监督检查,创造出一种严格实施德育学分制的氛围。

(四)充分发挥教育处的重要作用

中等职业学校教育处主要负责学生思想政治教育方面的组织管理工作，是落实学校德育目标的关键部门。齐河县职业中专教育处的主要工作是在实现国家和学校制定的德育目标的前提下，掌握新形势下的学生特点，直接组织、指导、督促、检查、评估德育学分制的实施，以提高对学生思想、政治、品德的教育与管理水平。

1.确立德育工作的重点

目前，全面推行素质教育，提高全民族素质，是我国教育工作的根本任务和奋斗目标。在实施素质教育的过程中，以德育为首的观点已成为全体教育工作者的共识，针对目前学校的形势，应重点做好下列教育管理工作。

(1)意识教育：爱国主义意识，如“五爱”的思想品德教育；公民意识，教育学生学会做人，要有社会责任感和法制观念；品德意识，有良好的社会公德和文明行为习惯；现代意识，教育学生要有独立生存、开拓创新和竞争进取的意识；环境意识，提高学生的环境道德意识和参与环境保护的意识。

(2)世界观、人生观、价值观教育：注重培养学生形成正确的世界观、人生观、价值观。

2.加强学生管理队伍的建设

完善学校管理体制是学校德育工作的重要组成部分。管理水平的高低与管理人员的自身素质是分不开的。加强学生处管理人员队伍建设，必须坚持以下原则：

(1)认真研究学生管理特点，根据学校的实际确定学生管理体制，加强德育专职队伍建设。

(2)明确德育处在德育学分制实施中的基本职能：目标组织、计划、途径、指导、检查、评比、总结。协调学校各部门齐抓共管，并加强理论学习研究，使教育处的管理工作从经验型走向理论型，并逐步运用于管理实践之中。

(3)学生管理必须五育并举、德育为首、相互结合，并要纳入学校工作的规划之中，贯穿于学校的工作过程之中，渗透于学校的一切活动之中，体现于教师的每一项教育行动之中。

3.重视德育学分制管理目标与计划的落实

目标是机构管理活动的前提，根据国家制定的德育总目标，并依据学校的总体规划，制定了教育处德育管理目标：以“五心”“五爱”“五自”为主要内容，以爱国主义教育为主线的政治方向目标；以“文明礼仪常规”、《中学生日常行为规范》为主的学生文明行为习惯目标；以思想素质、文化素质、心理素质、身体素质为主要方向的素质教育目标；以自觉遵守法规、法纪、社会公德、诚实正直、自尊自强、勤劳俭朴、开拓进取的品质目标;以科学化、规范化、制度化、系列化、网络化为内容的学生德育管理目标。

在落实目标计划中,要注意做好组织、指导和督促工作。德育教育必须同学生管理相结合,把对学生常规管理落到实处。通过检查、记录、评比、反馈管理目标与计划的实用性,不断改进管理方法。

4.坚持检查指导和评估激励相结合

检查是计划实施的一种保证措施。要想保证德育学分制管理目标的实施,必须对学生管理过程加以检查、评估,确立评比方案。

检查和评估中需注意以下几个问题:第一,制定德育学分制指标体系,运用学生管理过程分析法展开工作;第二,发现问题不能匆忙作出结论,应从动机、效果、环境等方面加以分析,提出解决办法,以强化或调整管理;第三,评价要坚持原则,注意积累资料,要对管理过程的全部资料进行统计和分析,判断德育效果;第四,运用德育教育成果调查法,通过问卷、民主测评、座谈、社会调查,统计各种事实的数据和比率;第五,检查—评估—反馈—导向—提高。在检查评估的基础上,总结学生德育学分制各项措施的落实情况,核实效果,积累第一手资料,并通过总结,找出工作中的成绩和不足,积累经验,从而不断提高学生管理水平。

热点二 职校德育与教学合作机制的研究

第一部分 德育与智育的分离

一、当今教育最大的不幸就是德育和智育的分离

著名教育社会学家、清华大学原副校长谢维和先生撰写过一篇博文，题目是：当今教育最大的不幸就是德育和智育分离。核心观点提到：教知识的人不管品行，管品行的人不重视学术；中小学校分管教学与分管德育的领导“不相接洽，或背道而驰”……这篇文章在教育界引起了极大的反响和共鸣，很多媒体争相转载，现将原文分享一下：

一、陶行知留给教育者的“作业”

陶行知先生1926年11月在“南京中等学校训育研究会”上的讲话中，对学校德育讲了一段非常重要的话：“训育上还有一个最不幸的事体，这事就是教育与训育分家：把教育看作知识范围以内的事，训育看作品行范围以内的事，以为学习知识与修养品行是受不同的原理支配的，甚至于一校之中管教务与训育者不相接洽，或背道而驰。殊不知学习知识与修养品行是受同一学习心理定律之支配的。我们如果强为分家，必致自相矛盾，必致教知识的不管品行，管品行的不学无术。所以，我们希望担任训育的人，要打破知识、品行分家的二元论，而在知识品行合一上研究些办法出来。”

陶行知先生的这段话无疑是他给我们留下的一个关于德育的开放性的“作业”，而且是一个关系到如何切实落实立德树人根本任务的重要“作业”。

二、当今教育如何实现“知行合一”？

陶行知先生布置的这个“作业”至少具有三个十分现实的意义和价值：

1. 教育最大的不幸之一是德育与智育的分家

影响和制约德育（即所谓的训育）的最大的矛盾和“不幸”，并非是德育本身的问题，而是德育与智育的分家，即把德育看成是品行范围内的事情，而教学属于知识范围的事情。在陶行知先生看来，这种德育与智育的分家和“不幸”具体表现在两个方面：一是中小学校分管教学与分管德育的领导

“不相接洽，或背道而驰”；二是教知识的人不管品行，管品行的人不重视学术。

2. 德育和智育的“矛盾”根源

客观地说，德育的重要性及其在教育中的地位是众所周知的，问题在于：当德育及学生的品行发展缺乏一种比较科学有效的评价方法，而它与智育之间的关系也说不清楚时，它的现实地位往往就不得不让位于那些可以精确计量的学科成绩，以至于由此演变成两者之间的分家。

3. 教育“知行分离”的现状

其实，如今中小学校的德育与智育又岂止是“分家”，简直就是“对立”了。一方面，政府和教育部门在重视和强调德育上不可不说是呕心沥血，三令五申。各种各样的政策与表述也层出不穷，如“德育为先”“德育为本”“德育为首”，等等。而最近的提法则是“立德树人”“核心环节”。从中央到地方，从国家政策到领导讲话，对德育的强调更是苦口婆心。另一方面，中小学校则是另一番景象，就如同坊间流传的顺口溜所说的那样，“说起来重要，做起来次要，忙起来不要；出了问题最重要”。

还有的教师将这种情况说成：智育是学校的生命线，德育是学校的风景线。更有某些专家在批评这种现象时非常简单地认为：如果基础教育学校仍然一味地追求分数，那么德育几乎就是不可能的。仍然是将德育与智育对立起来。

总之，好像德育与智育，或者说，培养青少年学生的品行与发展他们的认知能力就一定是水火不相容的。好像智育就成了压制德育的罪魁祸首，似乎抓德育就不能不放弃和忽略学校、教师以及学生对成绩的追求。还有的教师不无委屈地说，并非我们不重视德育，造成这种现象的主要原因是整个考试评价体系和标准所引导的这种重智育、轻德育倾向。如果不改变现有的考试评价体系，就解决不了这个问题。由此可见，德育的实施，或者说立德树人的落实，根本问题在于处理和协调德育与智育的关系，而不能仅仅是德育本身。

（转引自：http://www.sohu.con/a/13468774_385655/）

二、德育与教学分离的主观推测

从学校机构的演变与分化上来看，教学与德育的分离应该直接源自学校教育教学管理的分工。记得笔者在读中学的时候学校里只有一个政教处，政教处就是学校的教学和学生德育管理政教处，有主任、团委书记、副主任等，这一部门掌握着全校的教学、学生德育和管理的全部职能（教务处的领导什么都管）。但是不知道从哪一年开始，很多学校出现了教务处和学生处（教育处）的分离，教务处分管学校的教学工作，学生处分管学校的德育和学生管理工作。当然，在和老教师探讨原因的时候，也有的教师说，学校规模越来越大，政教处的工作越来越多，为了便于管理才把学生工作从政教处分离出去，单独成立学生处或教育处，分管学校的学生管理工作。后来出现了学校年级层面的级部管理，在级部管理的层面也出现了分管教学的年级副主任和分管学生管理的年级副主任。在职业学校里也出现了各专业有分管教学的专业主任和分管学生管理的专业主任。对这种解释产生过疑问：能这样分吗？这不就从机构上出现了德育和教学的分离吗？

从职能演变上来看，学生德育管理和教学工作分别由不同的部门和人员来管理，也就是说各管一块，各负其责。各管一块、各负其责最直接的缺陷就是容易形成各自为政的局面，不利于部门之间的协调与合作，就是原来所经常提到的部门主义和本位主义。身处教育一线的教育教学管理人员都能体会到这一点，如学校层面的教学管理部门和学生管理部门之间的矛盾和斗争，年级或者专业层面的教学管理人员和学生管理人员之间的矛盾和斗争，甚至在学校内部出现了班主任和任课教师之间的矛盾与斗争。在任课教师教学过程中，也出现了“重知识传授，轻思想道德教育”的现象。

三、学生德育与学生管理的关系说明

从字面意义上讲，管理与德育是有区分的。德育强调的是育心的教育，一般情况下理解为思想道德教育。现在其内涵更加丰富了，包括道德教育、心理健康、安全教育、价值观教育、行为习惯养成教育、职业道德教育、创新能力培养、组织协调能力、人际关系处理等。学生管理的直接目的在于良好秩序的维护和安全。管就是约束、管制，对象是那些不利于学生成长的思想、行为和环境，目的在于通过规范学生的思想和行为，创造学生成长的环境，来营造和维护良好的教育教学氛围和秩序；理就是理顺对象（学生在成长过程中特别是在接受学校教育的过程中需要处理的各种关系），目的是将学生学习过程中涉及的各种关系理顺，使得学生向正向的、积极的方向发展。

从以上可以看出，管理本身就具有德育的功能，是实现学生德育目的的一种最主要的方式。德育也具有管理的功能，德育教育有助于管理目标的实现。从实施主体上来说，德育和管理具有相同的主体：以班主任和教师为主的教育工作者。学生处、团委、班主任和任课教师是对学生实施管理的主要主体。同样，这些主体也是学生德育工作的重要主体。从主体上来讲，它们是重合的，管理的过程也是对学生进行德育的过程，德育过程也是对学生进行管理的过程。同一个主体实施同样的工作，同时具有德育和管理的功能。所以，为了便于表述，可以“德育管理”来进行表述，或者说没有必要对“德育”和“管理”进行刻意区分。

四、职业学校德育管理和教学分离的表现

(一)学校层面

教学管理部门与学生德育管理部门各自为政,甚至存在矛盾和冲突。一般情况下,很多学校当然也包括职业学校在内,教学管理和学生管理分别由两名副校长来负责。一名副校长分管学校的教学工作,其下属的职能部门就是学校的教务处等职能部门;一名副校长分管学生的管理工作,其下属的职能部门就是学校的学生处、团委等职能部门。经调查,很多学校基本上没有出现“德育、教学”一肩挑的现象。有的人开玩笑地说,“德育、教学一肩挑”的不是副校长,是学校的一把手。由于学校的分工是按照德育管理、教学管理的不同职能来划分的,教务处和学生处具有不同的教育职能,各管一块,各负其责。为了突出自身的位置和重要性,都会主动强调自身工作的重要性,有意无意地把对方的工作放在了次要位置。但是对学校管理而言,整个学校是一个整体,各种教育工作的开展都是相互影响、相互制约的,因此,必然产生了教学与德育的矛盾和冲突,也就是说教学管理部门和学生德育部门的矛盾和冲突。身处一线的教育人员都会清楚地看到,相当部分学校分管教学的部门和人员强调教学的重要性,任何部门的工作都要为教学服务,从而在一定程度上把学生管理部门的工作认为是为教学工作服务的。同时,学生管理部门和人员为了凸显自身的地位和重要性,也会强调学生管理的重要性,特别是在职业学校学生难管、学生管理事故比较多的情况下,学生管理的部门和人员突出强调自身工作的重要性,甚至认为教学与学生管理相比较而言,还是学生管理更重要一些。如此,使得教学和德育在整个学校层面从思想认识就上出现了矛盾和斗争。

从职能和分工上来看,这种矛盾和斗争也具有一定的必然性。学生管理出了事情或者说出现了事故,学校的一把手必然要追究分管学生管理的副校长、学生处等相关部门和人员的责任,与教学管理的部门和人员则基本上没有关系。当然,学生管理成效突出,学生稳定,素质教育遍地开花,受到奖励、表彰的自然就是参与学生管理的部门和人员。教学管理的部门和人员自然没有太直接的关系。同样,也可以如此推理:教学管理事故频出,教学成绩不理想,教师工作积极性不高,学生学习气氛不浓厚等,必然追究分管教学管理的副校长、教务处等相关部门和人员的责任。而学校教学成就斐然,教风和学风非常浓厚,教师工作积极性和学生学习积极性高涨,受到表彰和奖励的就是教学管理的部门和人员,与学生管理的部门和人员没有直接的关系。部门之间的分工,使得部门之间的竞争存在一定程度上的此消彼长的关系。我们是否见到教育教学管理制度,特别是学生管理制度、班级考核制度、教师考核制度之间的矛盾和冲

突，使教师、班主任、学生无所适从，不知道该听谁的。我们是否听到教学管理部门抱怨学生管理部门的工作影响了正常的教学秩序，甚至教学效果；学生管理部门抱怨教学管理部门的工作不利于学生管理工作的开展，甚至影响了学生的稳定。我们是否看到学生管理部门和人员与教学管理部门和人员冷眼旁观，甚至相互拆台、相互诋毁。

（二）专业或年级层面

如果在专业或者年级层面存在这种分工的话，就会出现上面所说的这种矛盾，在此不作详细论述。

（三）班级层面

在班级管理层面，班主任与任课教师之间也存在矛盾和冲突。

现象描述一：在巡查课堂的时候，笔者发现某班级的数学教师经常站在教室门口，就向这位教师询问原因。他的回答是，这个班里根本无法教学，纪律非常差，课堂乱哄哄的，还有几个学生人高马大，也不敢管，在这个班里上课简直就是一种煎熬。所以，就出现了上面的任课教室经常在教室门口徘徊的现象。当问及有没有把这种情况向班主任反映的时候，这位教师说已经告知班主任了，但是班主任不当回事，只是在班级里说了一下，根本没有起作用，再次反映的时候班主任没有表态。其实，没有表态也就意味着他不愿意管这件事情。后来笔者找到了这个班主任，把这种情况委婉地告诉了他，结果他的回答令人深思：我的班级乱、学生不好管，这位教师在我的班里没法上课，其他的教师怎么能够上得下课去，是不是这位教师自己的问题？（当然，后来笔者也询问过这位教师，他负责三个班的课程教学，只有这一个班出现了这种情况）难道要把责任推到我的头上去，是不是需要他上课的时候我去维持秩序？如果这样，他的课时补贴是否应该分给我一部分？不是我安排他到我的班里上课的，教务处安排的，如果上不下课去，到教务处调课就行，不用找我。

现象描述二：一位教师在上课的过程中与班级学生发生冲突，从此以后这位教师拒绝给这个班里的学生上课，并且把这件事情告知了教务处，也就意味着这门课没有教师来上了。教务处立即找到该班的班主任，要求班主任解决这个问题。班主任对这件事情的处理表现得非常不积极。后来私下了解原因的时候，班主任作出了如下解释：此任课教师缺乏驾驭课堂的能力，我也没有办法；处理不好师生之间的关系，难道只是学生的原因吗？我给他做过工作，他一个劲地强调我班的学生有多乱，多难管理，言外之意就是我班主任的责任了。班里的任课教师安排是教务处统一安排的，不是我班主任安排的。当笔者问及班主任，如果这门课没人上，出现了空堂，学生管理出了问题，还是你班主任的事情。此班主任表现得很无奈，最后说，只能等教务处给调配任课教师了。

现象描述三：职业学校与普通学校在班主任的安排上有一个重大的不同点就是班主任不在主管班级任课，是这个班的班主任但不一定是这个班的任课教师。从直接原因上讲，这就是学校或者专业层面的教学与德育分离的一种重要表现。班主任一般情况下由分管学生德育管理的部门和人员来安排，任课教师则由分管教学管理的部门和人员来安排，各负其责，缺乏协调安排。

根据学校教育处安排，笔者分管机电专业的相关工作，一名计算机教师担任机电专业新生班的班主任。这名教师在计算机专业负责课程，办公室也在计算机专业。出现了担任这个班的班主任但是不在自己班里上课的情况（在职业学校这种情况非常普遍，因为职业学校各专业开设20门左右甚至更多的科目，课程教学的周期不固定，甚至只有一学期就可以结束一门课程教学。由于任课教师或者班主任受自身专业的限制，不可能长期担任一个班级的课程教学）。这名班主任又不在自己班里有课程教学任务，也就是说不在自己班上课。在班级刚开始成立的时候，还经常抽时间到班里来看一看，后来可能由于自身的教学任务比较重，就很少到自己的班里来了。班内的秩序、卫生等出现了比较明显的问题。后来笔者偶尔发现这名班主任来自己的班里，便问他：刘老师，你班的英语老师是谁呀？结果这名班主任说不上来，也就是说他不知道自己班的任课教师是谁。实际上是笔者给他的班上英语课，除此之外在上课的过程中也在帮着他处理班级内部的一些事情，如说卫生、秩序、纪律等，结果这名班主任不知道自己班的任课教师是谁。实际上，他基本上不知道谁是他班的任课教师，也就意味着他忽视了自己班的任课教师。

现象描述四：有的班主任经常抱怨，自己班的任课教师知道班里的学生存在问题甚至严重的问题，但不是积极地向班主任反映情况，甚至根本就没有向班主任反映自己发现的问题，似乎这些问题跟任课教师没有太大关系。他们的任务只是课堂教学，除去这些好像其他跟自己没有关系。但是也有相反的一种情况存在。一个班的任课教师不仅仅经常向班主任反映班里的学生的情况，而且还会经常主动帮助班主任处理班里的一些日常问题，出现了班主任与任课教师合作愉快的良好状态。

现象描述五：在学生上课的过程中，发生了冲突或者事故，是不是应该由班主任来处理？任课教师是不是应该承担相应的管理责任？一般情况下，只要自己班里的学生出现了问题，班主任都要承担起第一责任人的责任。也就是说，后续的教育处理都是由班主任来处理的。但是，一个班级的学生在上课的过程中与同学发生了冲突，造成了一定程度的人身伤害，家长找到了学校的教育处。教育处领导责成班主任处理这件事情。但是这位班主任提出了如下质疑：我的学生是在上课的过程中出现的这种冲突，这段时间应该是任课教师的教学时间。那么,在任课教师的教学时间出现的学生冲突也要由班主任来处理吗?任课教师是不是应该主动处理这件事?任课教师什么都不管直接丢给班主任来处理这件事是否合理?如果这件事继续追究的话,还可能会追究到学生处与教育处的责任分工问题。

现象描述六:在职业学校里,一般情况下班主任在乎班级学生的学习情况吗?身处职业学校一线的教育教学管理人员和教师都会体会到:班主任不是太在乎班级学生的学习情况,以及班里学生的学风、职业技能的学习、职业素养的养成和各种学习比赛的成绩等。那么,我们的班主任到底最在乎的是什么?实际上,班主任最在乎的是班级的学生管理,包括学生的稳定,学生的秩序,班级的卫生、纪律、内务以及与班级管理相关的一些重要活动等。一般情况下,这些都会直接关系着班级内部的当月考核分数,或者说这考核分数有可能直接关系着班主任的工作投入、当月班主任费的发放和一定时期内班主任的相关荣誉,如各级优秀班主任评选等,甚至影响到班主任的一定时期内的职称晋升。至于班级内部学生的学习情况,似乎与班主任的工作关系不是太密切,所以关注程度不高。只有当学风不好,影响到班级管理的时候,我们的班主任才会强调班级的学习情况(如果班主任不是班里的任课教师的话)。

一位任课教师向作者反映:他的一名学生基础很好,动手能力也比较强,准备对这名学生进行单独培养,利用一些课余时间,如自习、课外活动,给这名学生补补课,争取在技能大赛中获奖,请求班主任给予一定的支持。但是班主任表现得不太积极,原因很简单:这名学生是班里的班干部,班级管理能力也很出色,特别是在课余时间,同时这名学生也在学生会里担任着比较重要的角色,可以为自己班级考核争取高分。一旦这位任课教师把这名学生单独培养,班级内部的管理工作就会受到很大的影响,因此,班主任对于这位任课教师的请求不太支持,甚至对这名学生强调班级管理工作的重要性,最终班主任和任课教师之间出现了心理抵触情绪。

学生参与管理是提高班级管理效果、减轻班主任负担的一种重要手段。当然,对于学生自主管理能力的提升也会起到一定的促进作用。部分学生管理干部参与到学生管理工作中,甚至不惜影响自己的学习工作。在中职学校,这种情况最明显,一些学生干部为了管理工作严重影响到自身的学习情况。对此,班主任的态度也不太明朗。

有的班主任为了方便自己的班级管理,随意占用任课教师的课堂教学时间,经常在课堂时间安排学生做一些与课堂学习无关的管理事务,甚至有的直接占用课堂教学时间来演练学校组织各班级参加的各项活动。对此,任课教师没有提出太多的反对意见,甚至有的乐于把自己的教学时间让给班主任来处理其他的事情,乐得清闲。这些现象在职业学校具有一定的普遍性,即出现了教学向管理主动让位的情况。这可能就是职业学校学生管理或者素质教育看似突飞猛进，但教学质量长期停滞不前的重要原因之一。

从以上几种现象可以看出，班级作为学校最基层的组织单位，成为人才培养和教育教学执行与落地的层面。在这一层面出现的教学和德育管理的分离甚至矛盾，成为影响学校教育成效和人才培养质量的重要因素。

（四）班主任的职责

班主任对班级学生管理的职责应该包括学生的日常管理和学习管理。作为学校层面最基层的人员，应该对自己的班级负有全面的管理责任。

对于普通学校而言，班主任不仅仅对学生德育管理负责，而且还对班级学生的学习情况负责。班级学生的升学率直接影响到班主任相关利益分配，这些利益分配包括奖金、相关荣誉、职称等。

一般情况下，对于班级学生高考升学奖，班主任首先提取一定的比例，然后根据各学科的成绩分配给各任课教师（当然，一般情况下班主任也是任课教师）。在这种情况下，从普通学校的班级管理层面来看，班主任就能够实现对班级学生学习和德育的兼顾，实现班级层面的相互促进。

再说一下职业学校的班主任。职业学校的性质、培养方向和生源特点有别于普通学校，使得职业学校的学生管理提到了更加突出的位置，特别是在全社会齐抓安全稳定的形势下，更加强调班主任工作的学生管理职能。很多学校配有专职班主任，也就是说这些教师不任课，从事专门的班级学生管理，更加凸显了班主任的学生管理职能，但在一定程度上忽视了对班级学生的学习管理职能。除此之外，很多职业学校班主任的直接上级管理部门就是学生处而不是教务处。也就是说，学生处直接对班主任进行管理，对班主任的工作进行考核、评价，这一现状也就决定了班主任把学生管理作为自己的主要职能。这些职能包括对学生的稳定、纪律、卫生、两操、内务、班级文化、重要活动等，很大程度上将学生的旷课、迟到早退等划归给学生处的纪律考核层面，因为这些层面就是班主任的主管部门对班主任考核的重要依据，直接决定班主任的各种利益分配，成为指挥班主任工作的重要依据。

（五）脱离任课教师的学生活动

组织大量的活动是职业学校德育管理的重要特色。我们的职业学校每年都要组织大量的活动来活跃学校氛围，增加教育活力。但是也发现，相当部分的学生活动是由学生处、团委、班主任等学生管理的部门和人员来组织的（教学活动除外）。班主任成为了学生活动的具体安排者和执行者。经调查，这些部门组织的活动都基本上没有任课教师参与。班主任成为最主要的，甚至成为唯一的班级层面组织者。组织的活动基本包括文体类、社会实践类、思想教育类、兴趣爱好类等方面。从这些分类上可以看出，这些活动应该由专业人员来组织、训练的。如果这些活动主动脱离了具有专业水平的任课教师，各项活动的成效会大打折扣。同时，学生活动与相关任课教师的分离就成为教学和学生德育管理分离的一种重要表现。如此，班主任和学生管理人员就陷入了孤军奋战的境地。但是为什么会出现这种情况，其原因很简单：学生德育管理属于以学生处为主的学生管理人员和部门，而任课教师的安排则属于教学管理部门和人员。也有个别学校注意到了这一点，学生活动都要安排相关任课教师的参与，并且采取了相关措施来保障任课教师的参与。但是不多见，且往往有始无终。

第二部分　教学与德育融合的路径探讨

一、教学与德育管理关系的探析

课程教学不仅仅是传授知识、培养技能，而且还具有对学生进行德育和管理的职能。我们的教学目标中就包括价值观念、思想意识、道德情感、心理健康、行为习惯、能力养成等方面的德育目标，教学的过程就是实现这些德育目标的过程。教学过程是对学生进行管理的过程。这种管理的过程在于良好教学秩序的维持，良好学习氛围的营造，学生积极性、创造性、主观能动性的激发和培养等，也是对学生进行德育的过程。

我们的德育课程教学不仅仅是课程知识的传授、技能的养成，更重要的直接目的是德育。政治经济与社会、职业生涯规划、创业教育、职业道德、心理健康、法律、哲学、就业指导、安全教育、传统文化教育，还包括一些艺术类课程，都是以德育为直接目的开设的。

从这一点上来讲，课程教学是德育和管理的重要途径和主要方式。离开课程教学的德育和管理，就像一架在小路上艰难行驶的马车，全然忽视了旁边的平坦的高速公路同样可以到达目的地。所以，管理部门不仅不能忽视课堂教学，而且还要充分发挥课堂教学学生德育管理的重要作用。笔者在多次讲座中提到，离开课堂教学的学生德育和管理是不全面的学生德育和管理，全方位、多途径的德育才是完整的德育管理。

任课教师是学生德育和管理的最主要力量。很多学校把相当部分学生德育和管理的任务压给了班主任、学生处、团委等人员和部门。这些部门和人员也顺其自然地承担起了德育和管理的重要任务，从而有意无意地忽视了任课教师在学生德育和管理中的重要作用。笔者在多次讲座中提到：任课教师是学生德育和管理的最主要力量，离开任课教师的学生管理必然陷入孤军奋战的境地，因此，我们要善于构建学生管理的统一战线，充分发挥任课教师的作用。

教学同样也离不开德育和管理。学生德育和管理为学校教学活动的开展创造了必备的条件和氛围。学生管理秩序井然，学生思想活跃、积积极向上，当正能量充实整个校园和班级的时候，便为教学的开展和教学质量的提升创造了良好的氛围。学校管理秩序混乱、漏洞百出，负面的思想和情绪充实学校和班级内部的时候，在乱哄哄的德育管理环境中自然谈不上高质量的教学，更谈不上学风了，出现了上面所提到的教师上不下课去的现象。但是反过来，学风不好会进一步影响到学生德育和管理，学风正则校风好，学风不正则校风差，学生德育管理则困难重重、漏洞百出。从这一点上来讲，学生德育管理部门、人员和任课教师要充分配合、帮助教学管理部门的工作，形成齐抓共管的局面。

可见，教学与德育管理本身就是同一个事物的两个方面，两者相互影响、共生共融，是糅合在一起的相互制约、相互促进的过程。

二、实现教学与德育有机融合的路径分析

(一)调整机构设置

改变原有的教学管理和学生管理“分而治之”的局面，实现教学管理与学生管理“一起抓”的机构设置。学校管理中，学生德育管理和教学管理的人为分工是造成各负其责、各管一摊、各自为政，难于协调与合作，造成矛盾、冲突和内耗的重要原因，这种分工人为地将原本糅和在一起才能高效完成的工作任务分离开来。有的人说了，就不能进行分工了吗？不是。有很多工作的工作性质和任务不同，必然要分工解决。比如，后勤、行政办公、人事、招生就业、宣传、党务、工会、财务、公寓等，这些工作具有相对独立的工作任务和工作性质，必然要进行分工完成。从前面所论述的德育管理与教学管理的关系来看，教学和学生德育管理本身就是一件事情的两个方面，这两个方面是融合在一起的。教学管理与德育管理的职能分工把一件事情生硬地分割为两块，严重影响到其原有功能的发挥，造成了不必要的矛盾、纠纷和内耗，出现了上面给大家描述的各种不应该出现的现象。

学校的教育教学机构设置要按照教学管理和德育管理一体的原则来进行分工。有的人说了，学生管理和教学管理的分工是在学生越来越多、规模越来越大的情况下，为了减轻工作量才出现了的。从一定的层级上来讲，学校范围内分管学生德育管理的副校长和下属机构掌握着整个学校的学生德育管理工作，分管教学管理的副校长和下属机构掌握着整个学校的教学管理工作。年级层面也出现了如此的分工。我们完全可以不按照这种方式来进行分工。少数普通学校实现了教育教学的管理一体化。在学校层面，每个年级都有一位分管的副校长，下设年级主任。年级主任下设若干个副主任，每个副主任分别负责若干个班级，形成了平行的、具有可比性的单位，也实现了教学和学生德育管理的一体化操作，有效地防止了教学和德育管理职能分工造成的矛盾冲突和内

耗。有的人也会担心，年级下属的分工是否也会形成矛盾和冲突。很显然，这种各管自己班的分工只能造成竞争当中的冲突，只要创造出公平公正的环境，完全可以有效地激发出竞争的活力，有效地避免内耗。这些在学校层面是完全可以操作的。学校层面的教务处和学生管理部门只是一种服务性的职能部门，起到服务和统筹性的作用，具体的教育教学工作在基层的年级和班级层面实施。在职业学校，我们完全可以在专业层面进行分工（专业是独立发展的基本单位）。一位副校长可以分管一个或者几个专业。专业内部也可以按年级或者班级或者班级与年级相结合的方式进行分工负责，这样既会形成教学和德育管理一体化的局面，也会形成相对应的平行的竞争单位，为公平、公正的竞争和正能量的激发创造条件，更避免了因德育、智育分离而出现内斗。

（二）改变班主任的职责

明确班级管理教育教学责任人的角色定位。作为学校管理架构当中最基层的领导——班主任，学校的很多教育措施最终都要落实到班主任层面去执行，离开班主任层面，学校的教育教学措施就无法落实。在关于班主任的文章、制度中，相当部分内容都是从学生管理层面强调班主任的学生德育管理职能，基本上没有提到班主任对本班级教育教学的全面责任。在人们的思维惯性当中，我们体会到的就是班主任的学生管理职能。

按个人理解，班级作为学校的最基层的教育教学组织单位，班主任是班级全面工作的总负责人，并不是我们一般理解的任课教师负责班级学生教学，班主任负责德育管理，班主任对班级学生的德育、教学、管理、安全、稳定等各种事务都负有直接责任。这一点在普通学校体现得比较明显，班级学生的学习情况直接与班主任的工作考核联系起来，升学率甚至直接影响到班主任的经济利益。在职业院校，学校的性质、教学的特点、学生的特点决定了班主任的学生管理职能，而在相当程度上忽视了班主任对班级教学的管理责任，也出现了上面现象描述中的一些问题，甚至有的学校出现了专职班主任。这部分教师主要任务就是进行班级学生管理，忽视了班级教学，很大程度上造成了班级层面学生德育管理和教学管理的分离。班主任只关心班级学生管理，至于学生能否学到知识，那只是教学上的事情、任课教师的事情。教学上的成绩也与班主任没有多大关系，有奖励也不会记到班主任身上，从而出现了班主任不关心学生技能大赛、只关心班级考核的现象。

要重新对班主任的角色和责任进行明确定位，要明确班主任的班级全面工作负责人的定位。班主任不仅要做好学生德育管理工作，而且还要为班级教学创造良好的环境和氛围，成为实质意义上的班级工作全面负责人。无论是兼职班主任还是专职班主任，都要认可自己的全面负责人的角色定位，成为真正意义上的班级一把手。

(三)调整班主任考核机制

提高班主任对教学工作的责任人意识,要从制度上特别是班主任考核制度上明确。班主任对班级学风建设、班级教学成效负有直接责任,同时要提高班级教学方面的考核在班主任考核当中的比重,要占到40%甚至50%,让教学管理成为影响班主任利益的重要指标,可有效地防止班主任对班级教学主动脱离的工作倾向。同时,对于班级学生在各级层面获得的荣誉和奖励,除去对相应的任课教师奖励以外,还应当对班主任考核有一定的加分比例,促进班主任对班级教学的重视。对于班级教学氛围不好、学习效果较差的班级,特别是课堂学习氛围秩序难于维持的班级,也要有相应的扣分项,直接影响到班主任的相关利益。

一般情况下,任课教师都是担任多个班级的教学任务,对于班级管理情况最为了解,对于班主任工作具有比较客观公正的评价,因此,要让任课教师对班级学生管理情况也有一定比例的话语权,从而促使班主任主动配合任课教师的课堂教学工作,从而有效地防止任课教师和班主任的分离,促进班主任的主动合作,有利于实现班主任的教学管理职能。

(四)改变任课教师考核方式

一般情况下,学校教学部门对任课教师的考核大多限于备课、作业、教学进度、课堂学生反应、教学比赛和任课教师的迟到、旷课、早退等情况。另外,可把班课堂巡查中发现的学生迟到、早退、旷课、课堂秩序混乱、教学事故等计入任课教师的考核过程中,因为上面所提到的指标与教师课堂教学的方式方法和课堂吸引力有关。把这些因素加入进来,任课教师就会主动提高对学生的要求,加强对学生的课堂管理,更加注重学生的管理,可促进任课教师对班主任工作的配合,同时可有效地提升任课教师在教学过程中对学生进行德育和管理的意识,自然有利于实现教学层面的德育和教学的融合。

(五)改变评教内容

学生对教师教学情况的评价,即我们经常所进行的学生评教,是学生对教师工作过程和工作成效的一项评价,是直接影响教师考核成绩的重要指标。一般情况下,学生评教占教师考核的10%左右。在设计评价内容的时候,完全可以加入一些能够直接引导任课教师课堂教学行为的指标,比如:最善于对学生进行思想教育的两位教师是谁?对学生管理最严格的两位教师是谁?从不旷课、迟到、早退的两位教师是谁?个性鲜明、疾恶如仇的教师是谁?经常帮助学生的两位教师是谁?等等。当然,我们还可以根据实际需要去增加和完善一些内容指标。这些内容和指标能够促进任课教师提高对学生进行德育管理的意识和积极性、主动性，可有效促进课堂教学层面教学与德育的融合。

（六）实施以班主任和任课教师为主体的班级全员育人导师制

全员育人导师制参见热点三。

这种制度的实施把任课教师拉入学生德育管理队伍中来，有效地缓解了学生德育管理力量不足、针对性和目的性不强造成的管理效率低下，促使任课教师承担起学生德育管理的责任。为了确保任课教师参与学生德育管理的积极性和主动性，还必须将这种措施不折不扣地落实下去，从形式、制度、经济利益、考核机制等方面有效地确保任课教师参与班级学生德育管理的积极性和主动性。

热点三 “全员、全方位、全过程”管理育人机制

在实施全员育人管理机制后，为了应对学生管理事故的突发性和不可预测性，齐河县职业中专又采取了在学校学习生活的各个方位、各个时间段，都有教师值班的制度，把学生全程、全方位置于值班人员的监控之下，有效地预防了学生管理事故的发生。所以，全员育人管理机制经过齐河县职业中专的探索、应用、研究，逐渐发展为现在的“全员、全方位、全过程”管理育人机制。当然，在应用过程中也发现存在许多问题，遭到了很多质疑，所以，仍处于不断改进、完善的过程中。“全员、全方位、全过程”管理育人的说法在笔者编写的《中职学校学生管理研究》一书中第一次被提出，后来被人称为“死靠”“靠死”的管理育人机制。现在就把这一机制的操作过程、成效、优缺点、存在问题等情况介绍一下，以供参考、借鉴运用。

一、指导思想和宗旨

为了全面提升管理育人的质量，提高学生管理工作的针对性、实效性和主动性，构建“教书育人，管理育人，服务育人，全员育人，全程育人，全方位育人”的管理育人机制，营造良好的育人环境，提升学生的整体素质，促进教师的管理能力提升，打造管理育人的新形象，努力探索新形势下学校管理育人的新模式，从而有效地促进学生健康、快乐、幸福地成长。

二、概念解释

全员管理就是充分调动全校教师甚至工勤人员参与学生管理的积极性，充分发挥每一位教师在学生教育管理中的作用，让每一位教师都分担具体的学生管理任务，让每一名学生都得到具体教师的关爱。为了明确责任、合理分工，学校各专业以班级为单位，将班内学生通过自由双向选择的方式，由每一位教师（包括学校高层领导、班主任、任课教师，甚至部分具有管理能力的工勤人员等，但主要是任课教师和班主任）具体负责若干（一般情况下 5～7 名）学生的学习、日常生活、遵守纪律、稳定等情况，做到了责任明确。

全方位管理就是在学生生活与学习的所有空间、区域内，都有与学校学生管理价值取向相一致的教育管理内容，都有教师参与学生的教育管理。实际上这是从空间的角度来对学生进行管理，主要目的是消除管理死角，因为这种管

理死角往往成为学生事故发生的主要地点。没人管理就不能够很好地发现、预防和制止学生管理事故。学生总是会寻找管理不到的地点实施,如爬墙外出上网、打架、谈恋爱、吸烟等违纪行为。

全过程管理就是学生从入校到离校的整个过程中,学生生活的每一个时间段内都有教师参与学生的管理。当然对于寄宿制学校,这里有几个重点时间段,如早操前后至早自习、早自习以后至上午第一节课、中午放学、午饭、午休至下午第一节课、下午课外活动、晚饭至晚自习、晚自习以后至晚休的整个过程。实际上就是除去课堂时间之外的所有时间,都必须有教师的管理。课堂时间是任课教师的管理范围,其他时间则由明确的教师参与管理,具体到每一个时间段由哪一位具体的教师来负责。

很多教师一看会得出这样的结论:这就是"死靠"。是的,这不仅仅是"死靠",弄不好就会出现"靠死"的结果。实际上这也是没有办法的办法,对于学生管理事故频发、学校疲于应付、学生管理危机重重的情况,这种管理机制的实施虽然显得机械笨拙,耗费大量的人力物力,弄得教师们疲惫不堪,但有一个大的优势,就是能够立即迅速减少学生管理过程中的事故,能够起到立竿见影的效果,立即"退烧"。一旦将这种做法坚持下去的话,我们就会发现,经过一段时间的管理,学生在行为上、思想上形成了习惯,我们的工作压力会明显减轻,并不再是我们想象当中的那么累,万事开头难,一旦步入正轨,效率就会大幅提升。

三、实施步骤

(一)实施目标的确立

全面贯彻职业学校管理育人理念,指导学生学会生存、学会学习、学会合作、学会创新、学会生活,培养有理想、有道德、有健全人格的社会有用人才,直接目标就是大幅减少学生的各种矛盾和冲突,迅速实现学生稳定。

(二)导师制的建立与实施

实际上这是全员管理的一种具体落实方式之一,其优点在于能够实现管理育人的目标和责任具体化。

1.总体思路

一是面向每一名学生,每一层面的学生都能受到来自教师的亲情关怀和来自同伴的友情帮助,关注每一名学生的健康成长,为学生的未来发展和终生幸福奠基。二是以班主任为核心,将班主任称之为主任导师,由班主任具体负责该班级中导师的选择、使用等。全体任课教师、部分领导干部、工勤人员共同参与的班级学生管理组织,构建分工明确、责任直接、齐抓共管的管理育人机制。

2.实施方式

即在保持现行班级的前提下，对学生进行分组，每组的学生都由一位教师担任导师。导师要全面负责该组学生的学习辅导、生活指导、心理疏导和思想引导等方面的教育，随时为学生提供全方位、个性化、全过程的育人服务。班主任为本班导师组组长，定期召集导师，针对学生的问题一起分析学生的日常表现，以及存在的问题、原因等，实现因人施教、全程指导。

导师与学生结合主要根据双方的意愿，自主选择来实现。当然这也是一个整体的原则。具体的操作过程中，在保持原行政班级不变，要考虑到学生管理难度的不同，一般情况下班级中的“刺头、品行恶劣难管”的学生由学校领导、有经验的老师、班主任优先选择，体现出领导层面的担当。同时还要考虑到师生之间的私人关系，比如说近亲属关系、招生过程中的招入人关系以及其他相对直接的社会关系等可以有效地拉近师生之间的距离，便于管理效率的提升。考虑到以上原则的前提下，实施老师与学生双向自愿选择，每一名管理人员负责5～7名学生的具体管理任务。导师在认真完成教学任务和相应职责的同时，还要全面负责该学生的学习、生活、心理和思想引导等方面的教育，随时为学生提供全方位、全过程、个性化的育人服务。

成长记录的填写是师生交流和相互理解的一种重要方式。学生每天写出自己的一天内的生活、学习情况、思想感悟、同学交往等内容的表述，对应老师每天收集、批阅，写出指导性意见，对于里面反映出的或者说发现的问题及时通过各种方式处理；通过不同密度的私人交流、查看学生宿舍、同学生一起进餐、与家长电话交流等形式来确保老师能够及时了解情况，发现问题，正确引导学生的思想和行为，来提高管理的效果。实质就是通过增加师生交流、沟通的密度，拉近师生的情感距离来及时发现问题、解决问题。

四、实施的保障机制

（一）思想保障

领导特别是一把手，是学校各项工作的发起者和推动者，是各项工作顺利开展的重要动力。“全员、全方位、全过程”管理育人机制在学校的发起人就是校长。校长深刻体会到了学校学生管理存在的种种隐患和漏洞，也看到了“全员、全过程、全方位”管理育人机制对学校学生管理所起的巨大促进作用，所以，非常重视这一制度的推行应用，并且多次召开会议研究、策划、安排这一制度的推行。

全体教师的重视与自觉是思想基础。领导的思想重视只是一种前提基础，还需要全体教职员工去贯彻落实，否则，再好的制度也不能在实践中应用，起不到预想中的作用。在实践中,对制度或者工作任务的积极性、主动性取决于教师对这项制度或者任务的认识和重视程度。认识不到、不够重视,则在执行中一定会出现折扣。所以,只有全体相关教师真正认识到这一制度在学生管理中的巨大推动和实效作用,才能够从思想上重视。思想上重视了,才能够促使教师们不打折扣地去执行、实施。

(二)机制保障

1. 领导小组

学校成立"全员、全方位、全过程"管理育人领导小组,其中学校一把手为组长,各分管校长为副组长,以教育处、各专业负责人、团委主要负责人为组员,全权统筹负责该项制度的统筹运作安排。成立以班主任为主任导师的班级学生管理领导小组,负责班内"全员、全方位、全过程"管理育人工作的开展。

2. 领导小组的职责

制定实施方案,召开相关会议,布置实施导师制,总结经验,及时提出整改措施和意见,引领全体教师积极践行导师制。每半学期至少召开一次全员育人导师制全体调度会。

3. 学生处的职责

统一制定导师结对方案,安排导师,报学校批准,并组织填写全员育人导师制师生结对表;负责贯彻落实制度,抓好班级常规督导,对导师制的实施情况及时检查通报,表扬先进,激励后进,确保导师制的成效和质量,为考评导师积累相关的依据;组织主任导师每周召开一次调度会;学生处每月召开一次经验交流会,每学期至少召开一次总结会;监督导师常规工作的落实,统一做好对学生的日常管理和导师的常规检查,对导师进行量化评价,定期做好对导师的月度、年度考核工作;负责对主任导师的管理、检查和评价,并定期抽查一般导师的实施情况;针对导师制实施过程中发现的问题,定期与不定期召开各班导师会议,及时总结经验,查找不足,加强整改落实;及时做好各种材料的整理和归档工作。

4. 主任导师的职责

班主任为本班主任导师,要定期召集本班导师会,针对班内的问题一起分析学生的日常表现,因人施教,全程指导。其具体工作如下:努力学习成功激励教育理论精髓,不断提高工作水平;对学生思想引导、心理疏导、生活指导、学业辅导,加强学风、班风建设;给导师提供受导学生的具体信息;每天督促学生朗读成功激励教育信件,督促学生认真阅读励志书籍、书写每日成长记录;及时批阅相关学生的成长记录;主持召开每周一次的主题班会,总结上一周学生的表现、励志文章的阅读情况、成长记录的书写情况,并让读信认真且实际行动效果好的同学交流心得，交流各导师推荐的优秀成长记录；结合信件的内容、学校的班会材料并针对班级的情况，提出具体的要求；对学生进行励志激励教育，激励学生走向成功，并积极征求、采纳导师关于主题班会的建议；每一大周（两个星期）要求学生写一篇300字以上的心得体会；每一封信的阅读结束后撰写一篇叙事反思记录；每周召开一次调度会，协调督促各导师对学生进行具体指导，并积极配合各导师做好学生工作；阅读完每一封信后，至少召开一次导师联席会议和班级学生座谈会；关注班级内不积极读信的学生，以及在励志教育中收获甚少者，并进行教育；根据学校的统一安排，做好导师评价及各项常规工作。

5.一般导师的职责

关注受导学生在思想品德、行为上的细节表现，通过有效的方式表达自己对学生的肯定，如讲课时肯定的眼神、笑容、手势等。对学生进行积极的心理暗示，使学生相信“我能行”“我是最优秀的”，帮助指导受导学生形成良好的思想品德。每周至少到所指导的学生宿舍走访一次，及时了解学生在宿舍的生活纪律情况，督促学生维护好宿舍卫生。关心学生身心健康，对受导学生进行心理疏导和健康指导，帮助学生解决学习、生活、心理、身体等方面的困惑。关心学生的学业进步及个性特长发展，指导学生改进学习方法，建立学生激励成功教育档案，主要内容包括学生家庭背景信息。学生填写的成功记录表、学生阅读心得、学生自我反思材料、学生汇报思想情况等。指导学生合理安排课余生活，帮助学生科学制定假期生活方案和学习、活动计划，引导学生参加积极向上的文体活动。经常与受导学生家长及其他任课教师交流，全面了解学生表现，促进学生全面成长。指导学生建立中长期人生发展规划，引领规划的落实。帮助学生制定具体明确的、“跳一跳够得着”的月目标、学期目标，可以是学习或纪律的某些具体方向。及时做好学生成长记录的检查批阅，督促指导学生认真填写每日成长记录。要对学生的成长记录每天检查批阅一次，对学生的阅读心得每周审定一次，并存档，每三周审阅一次学生自我反思材料，并存档。每周至少和所指导学生交流思想两次，并记录存档。必须用心批阅成长记录，不能简单地写一个“阅”，而是把它看成与学生的一次心灵对话，把它作为和学生谈心的另一块阵地，及时发现学生的闪光点，开发学生潜能，让学生不断获得成功的体验，使学生成长的动力不断得到激发和维持。对于好的成长记录及时推荐给班主任，以作为班会交流发言的材料。对存在问题的学生要及时交流，如召开受导学生会、宿舍内部交流学习及畅谈读信体会等，提出要求，做好自我反思。语文教师积极参与激励教育，努力为主题班会提供相关教育素材，负责励志信阅读，对学生读信提供技术上的指导。每封信阅读结束后，所有导师按要求撰写教育叙事反思总结。

6.宣传部门的职责

创办“德育工作简报”，及时报道各班级行之有效的做法，刊登“优秀学生成长记录”和教师的批阅记录，宣传学生的事迹，将师生撰写的优秀文章发表在校报或校园网上。

（三）制度保障

学校研究制定和完善了《关于实施“全员、全方位、全过程”管理育人的建议》《“全员、全方位、全过程”管理育人工作的考核及奖励办法》《领导小组、主任导师及相关教师的职责》等相关规定，这些规定详细具体地描述了相关责任人的权利和义务、实施的规则，以及相应的奖励和补偿措施，从制度层面为“全员、全方位、全过程”管理育人的执行提供了保障。

为了及时应对和处理在学生学习和生活中出现的意外情况、防止学生事故的发生、提高全员育人的效果，全员管理育人导师制要求所有导师相互协作。为此，制定了首遇责任制和教师值日制。

首遇责任制，就是要求所有教职员工，在校内外遇上学生权益受侵犯的，或学生违纪、惹事的，都有责任及时制止、当面教育，并将事情经过、处理结果及时上报年级组或教育处。对于突出的典型案例在教育研讨会上交流，对优秀的教育人员进行表彰与奖励。

教师值日制，由于中职学校招生规模日益扩大，教师数量跟不上学生数量的扩大，必须建立教师值日制，分工合作，以防止突发事件的发生和及时有效地处理。由学生处统一安排，每天由三位教师负责课间、中午、放学后至静校间的管理，重点是巡视，发现学生问题及时纠正处理，解决学校中午自习及放学后教育教学秩序难以保证的问题。

下面是某中职学校制定的导师考核办法，以供参考。

导师考核实行周考核（分/周）

1.《师生互动学生档案表》齐全完整，内容翔实。（一周查一次，每周5分，每大周15分）

2.《师生互动工作表》（指导用书中“我和导师说说心里话”及“导师心中的我”部分）完整并按时认真填写，针对性强。（一周查一次，每周3分，每大周9分）

3.导师工作记录内容充实、完整。（一周查一次，每周3分，每大周9分）

4.成功记录表、成长记录检查批阅及时、认真、全面，否则当日不得分。（一周查一次，每日1分，每大周20分）

5.每周到宿舍走访一次。（每周2分，每大周4分）

6. 读信心得批阅认真、仔细、全面。(一周查一次,每周 3 分,每大周 9 分)

7. 调查受导学生意见、家长意见进行考核评估,此项内容由主任导师考核。(每大周 4 分)

8. 学校值班有关记录、检查。(20 分,受导学生违纪扣分从此分值中减去;导师扣分计算受导学生平均分计入,扣完为止)

9. 加分因素:学生的成长记录、心得、反思每被学校《德育简报》录用一篇加 1 分。(最多 10 分)

导师每大周考核满分为 100 分。

导师考核原则上由主任导师具体组织,做好各项材料的收集整理;学生处做好检查、汇总,统一排序、公示及存档,做好阶段性总结和经验交流,并将考核结果作为全体导师评优选模、奖金发放的重要依据。

(四)物质保障

在某种程度上说,"全员、全方位、全过程"管理育人就是所谓的"死靠",需要大量的人力投入。在教师的工作量本身已经超负荷的前提下,再去安排教师额外的值班、管理工作,会遭到抵制甚至反对。所以,必须增加相应的物质奖励,用物质奖励来调动教师的积极性和主动性。有的学校每月拿出一定数量的经费,根据考核结果对教师进行奖励。当然,这种物质或者金钱上的奖励一定要杜绝平均主义,才能够有效地体现出教师的工作成效和付出的劳动。

(五)形式保障

1. 常规性要求

学生每天填写成长日志。学校统一印制学生成长日志,装订成册后发给学生。成长日志在首页要求学生填写班级姓名、家庭住址、家庭联系方式、导师姓名联系方式,如有必要还要张贴上学生、导师的相应照片等。学生成长日志的格式和内容包括日期,一天内的生活、学习情况或者感悟的汇报、教师的批复等;每周一次与导师见面交流的主要内容;每月一次导师与学生家长电话交流的情况等;每隔一定时间跨度(两星期或者四星期)成长日志内有一篇具有趣味性和引导性的励志文章,由学生诵读甚至背诵、书写感悟等,要求教师检查批阅。

导师与学生见面会。每周由导师和学生随机组织一次集中见面会,师生之间交流感情、反映情况,总结一周内学生的优秀表现和存在的问题等,从而拉近师生之间的距离,提升学生管理的效率。

导师与主任导师见面会。原则上隔一段时间,由主任导师以各种形式组织一次班级导师见面会。会上要汇报总结过去的一段时间内分管学生的学习生活情况、取得的成效、存在的问题,共同探讨问题的解决方法等。

导师检查学生宿舍、同学生一起进餐等。这些情况由导师根据自身和学生情况,采取定期和不定期的方式随机组织即可,但是为了保证质量,要规定具体时间内的次数。在实践中,这是师生交流最畅通、最充分的方式,教师能够及时地、真实地、准确地了解学生。

2.励志信诵读

(1)学生集中在教室,按时诵读,每日诵读3次。可以跟着录音读、齐读、个人领读、部分学生领读等,第一周必须做到齐读、熟读,第二周做到能够背诵。

(2)开始、结束按要求进行,由班主任负责。

(3)读信时,全体学生双手捧信于胸前,立定姿势,昂首挺胸,带着尊重用心去读,认真体会信的内涵,深刻感受其强大的冲击力,齐声朗读,声音洪亮,激情昂扬,充满震撼力和感染力。

(4)通过读信让学生自我暗示"我能行,我最棒",帮助学生树立信心,激励学生行动。如果学生对读信产生了疲惫、厌信的情绪,那么学生就会在行动上打折扣,因此,班主任要高度关注学生的读信情况,发现问题及时解决。同时要创新读信模式,及时交流有效的读信方式。学校将在每一封信的第三周开展读信比赛,或根据读信内容举行灵活多样的演讲比赛等活动,及时公布比赛结果,并将比赛结果纳入班级量化考核中。

下面是某学校要求学生诵读的一封励志信,以供参考。

从今天开始我要精心塑造自己

今天,我开始新的生活,今天,我找到了自己。

今天,开始了我新的航程。这条航线由学校100多名导师来指引,有和我一样经历的1000多名同学来共同完成。

怎么过也就是一辈子,怎么活也不过100年。过就要过得有滋有味,活就要活得神采飞扬。我未来的生活一定是流星花园里的美好,成人后我的价值超过千万,我对社会的贡献无人可比,我是最棒的!

今天我要精心塑造自己。

没有作为、没有自信不再是我努力的代价,他们和痛苦都将从我的生命中消失,我不再像过去一样接受它们,我要在成功者的指引下走出失败的阴影,自信、自强、自立,步入健康和快乐的乐园。

怎么可能?曾经有人说过我笨,曾经有人说过我就不是那块料。

答案很简单:我不要再让别人对我指手画脚。造物主赋予我本能和知识,我一定要珍惜;而现在,我更庆幸将这一封励志信捧在手里,这是别人的经验、善意的规劝,它关心我的成长,关注我的成功,交给我前进的罗盘,寻找方向，也教会我精湛的武艺，披荆斩棘。

今天，我要精心塑造自己。

事实上，成功与失败的最大区别，来自不同的习惯。好习惯把成功之墙一砖一瓦垒起，坏习惯使人走向失败之渊。因此，我首先要做的就是养成良好的习惯，日积月累，坚持不懈。

怎样才能做到呢？让这沉甸甸的十封信告诉我答案吧，因为这里每一封信都记载着一个殷切的希望，都指点着摆脱坏习惯、树立好习惯的迷津。首先，我必须养成的第一个习惯是：每封信每天早中午读三次，第二天依然如此；三周之后，才可以打开下一个神秘的信封。

养成这种习惯有什么作用？这就是成功的秘诀。因为在每天的重复中，不仅仅是一队汉字的简单再现。而是将之潜移默化成我的意志，把我影响和改变。每一天的我都是全新的。

我郑重承诺：在阅读这十封信的时候，决不虚度一天的光阴，绝不打破坚持的习惯。读信简单，读到最后不改变，我能行！

今天，我要精心塑造我自己。

在晚自习快要结束时，反省自己一天的行为。在成功记录表上，我会认真记录摆脱坏习惯的进步，认真填写我一天的快乐和成绩。记录时我做到：只记进步，不记忏悔，只记快乐，不记烦恼。因为进步和快乐的累积会产生巨大的能量，树立自信，助我前行。

成功记录，记录成功，我能行！

今天，我要对自己负责。今天，我开始规划自己。

我是世界上最伟大的奇迹。我的生活一定是美好的，过就要过得有滋有味！活就要活得神采飞扬。我的未来一定是成功的，我的价值超过千万，我的贡献无人可比。

我宣誓：

精彩人生，今天把握，把握习惯，习惯成功！

（引自百度文库）

3. 主题班会和系列活动

为确保“全员、全过程、全方位”管理机制开展得扎实有效，防止日久缺乏新鲜感、师生出现倦怠，防止各方面的认真程度有所反复，防止全员育人流于形式，就业部、班主任须创造性地精心构思主题班会和系列活动。班主任为主，导师参与，配合学校阶段性教育工作，结合每封信内容精心设计主题教育活动。可采取多种形式，要讲求实效，切实让学生感受到不是为读而读，而是有所激励、有所感悟、有所触动、有所启示。这是导师工作的重中之重，是着力点、难点、创新点，需下大力气突破。

(1)精心设计主题班会。班会从读信开始,班主任和导师共同参与,并设计班会主题,构造班会框架。班会板块可以设计为:导师解说、榜上有名、自我剖析、名人激励、前景展望。读第一封信主题可设计:①好习惯坏习惯;②如何设计自我;③如何塑造自己;④我有一个好习惯;⑤让我受益的一个习惯;⑥我的一个坏习惯;⑦习惯是怎样养成的;⑧拷问我的坏习惯等。针对不同的信,可以开展我"最敬佩的人"故事会,谈为什么敬佩,激发学生对理想的热爱和追求,开展"我想做什么样的人""展望二十年后的我""祖国需要什么样的人""怎样做一个有理想的人"活动,让学生明确自己的奋斗目标,懂得个人理想要和社会需要结合起来。班主任要不断创新主题活动模式,使学生在情景体验中得到教育、受到启迪。也可以借助视频,如观看《隐形的翅膀》《感动中国人物》《坤山世界》《笑傲苦难》等,班主任、导师可相互推荐励志教育的优秀视频,也可和学生阅读优秀的文章、现实的故事等,通过那些平凡而伟大人物的事迹,给学生以强烈的心灵震撼,向学生展示自信、自律、责任、勇敢、真情、感恩等美好的品质,激励学生树立乐观积极向上的人生目标,并为之而不懈努力。总之,充分发挥每一位班主任、导师、学生的积极性和创造性,切实把主题班会搞好。学校将每月征集优秀案例交流汇报,并予以表彰。

(2)开展主题活动。结合日常工作,举行励志报告会、演讲比赛、读信比赛、征文比赛、艺术节、讲座、辩论赛、知识竞赛、优秀试卷展评、决心书、宣誓等活动。所有活动必须有导师参与,要有计划、有记录、有总结。

下面是某校"全员、全方位、全过程"管理机制的实施安排方案,以供参考。

1. 召开动员大会,"全员育人导师制"实施启动仪式。

2. 日工作安排。

学生每日时间表

每日读信	时　间	地　点	方　式	责任人	检查人
第一次	7:45～7:50	教室	班级形式集体进行	班主任	就业部
第二次	14:10～14:15	教室	班级形式集体进行	班主任	就业部
第三次	18:30～18:35	教室	班级集体形式进行	班主任	就业部
填写成长记录表	自己填写,自己保存			自　主	导　师

备注:1. 教室里阅读由班干部带领;

2. 组织形式的坚持、习惯的形成、巩固和交流改进由班主任负责。

3.周工作安排

导师每周工作指南，制定时参照“学生每日时间表”和如下细则：

(1)每周班会之前，班主任要认真阅读信件的内容，从中找出关键点，领会主要内容(目的、意义等)，语文教师要提供帮助，动员学生认真阅读信件。班会上让学生熟悉相应的信件，班主任要和学生一起学习信件的内容，班主任领学，要解释目的、意义、关键点，最后和学生一起大声朗读信件。班会最后时，由学生全体宣誓(誓词根据每封信的内容具体而定)。结合信件的内容、学校的班会材料，并针对班级的情况，提出具体的要求。组织和监督集体阅读励志信时，训练开始的前三天，班主任带领语文教师参与指导。在学生能够熟练诵读后，可以由学生自己组织，班主任做好安排，并做好检查督导。探索阅读的有效、有趣办法，如男女生轮读、小组轮读、领读轮读混读结合等。

(2)监督和检查学生阅读。学生阅读的励志信由学校统一发放，读完28天后(如有变化以学校通知为准)再发下一封，督查同学按时间和要求读信。

(3)向学生说明阅读方法和填写成功记录表方法。对每位同学的《师生互动指导用书》，要求班主任和导师每天批阅一次。监督学生填写成长记录表，鼓励学生自主体验。

(4)每周都要和学生至少有两次全面的交流，进行总结，让学生口头或书面说明自己的感受和成绩，形式不拘，要将书面材料存档。

4.月工作安排

完成日、周工作安排各项目要求；完成月导师工作小结；上交各种检查材料。

5.例会交流

导师论坛，每半学期就业部召开一次，导师交流实施过程中的经验做法，解决工作中的新情况、新问题；导师例会，每周由主任导师负责组织，研究本班导师制实施情况；学生问卷调查，由就业部组织定期、不定期(每月至少一次)调查学生，以了解导师制实施和导师工作情况；家长观摩，班主任定期邀请家长到校观摩学生活动(就业部及对应导师参加)，加强家校协作。

6.表彰奖励

(1)学校每月对导师进行量化考核，量化考核分数按排序进行，期末汇总折合计入考核成绩(优秀10分，良好8分，一般6分，其他5分)，良好以上的导师优先纳入职称晋升行列。

(2)学校每月评选一次文明班级，连续三个月被评为文明班级的就是本学期的红旗班级，对学校文明班级的班主任和导师进行量化加分。文明班级的获得者，班级考核当月在班主任效能上加2分，对应导师当月每人加5分。

五、应注意的问题

(一)激励机制的问题

“全员、全方位、全过程”管理育人机制最终的落实要靠以班主任为主体的全体教师,要想让这项制度不折不扣地贯彻落实下去,必须不断完善激励机制,从而充分调动全体教师的积极性、主动性和创造性。要从物质、荣誉、职称晋升等方面给予教师以回报,但是又要合理拉开差距,防止差距过大和差距过小的局限性。

(二)考核的问题

要制定科学的考核方案,将考核分为过程性考核和成效考核。过程性考核执行相对简单,只要根据过程中的执行与否来确定即可,但是往往会流于形式。成长记录批阅、进宿舍与学生交流、家长的交流等工作都做了,过程性考核的问题就解决了,但是质量如何,不好评估。因此,必须对学生的客观表现,如阶段内的违纪情况、流失情况、获奖情况、学习成绩的变动、一日常规的遵守等情况,作为相应教师的工作成效进行评比,列入相应的考核中,如此便可以充分调动教师的积极性和主动性。

(三)学生成长日志的填写质量问题

在检查过程中,出现了学生成长日志的填写、教师的批阅简单应付的问题。甚至为了应付检查,学生或教师出现造假,所以,检查的频率和周期规律要突出一定的随机性,督促教师与学生提高重视程度。

(四)教师的值班问题

全方位、全过程值班必然大大增加了教师的工作量,在工作量本身就已经比较大的情况下,仍然安排值班工作,必然会引来怨声载道甚至抵制,所以,没有一定的物质激励措施是不行的。

热点四 家校合作机制的构建

一、学生管理典型现象描述及思考

(一)要让家长做决定,教师不掌握决定权

一位学生多次出现吸烟、上课玩手机、顶撞教师等行为,班主任直接把家长请来,要求家长把孩子领回家反省,结果家长不以为然,拒绝把孩子领回家,班主任与家长之间出现了僵持不下的局面,最后家长甩袖而去,把教师晾在了一边,孩子也没有领回去。没有了家长的合作,此事只能任其发展,不了了之,管理工作陷入僵局。

第一,这位班主任在个人工作定位上出现了错误。教师是在为学生、家长服务的,在现有条件下,对学生的惩罚教育,决定权不在教师手里,而在家长手里。第二,教育是一种合作,而不是一种单方行为。离开了家长的合作,教师无法实施教育,教师需要构建家校合作的统一战线,统一行动,合作行动。第三,教师要向家长客观地陈述事实,不要带有明显的心理倾向,否则会引起家长的抵触情绪,破坏合作关系。第四,坦诚胜过一切。我们可以坦诚地告知家长,教师是在帮他们教育孩子,在教师提建议的情况下,需要家长作出决定,告知教师如何协助家长教育学生。坦诚的交流能够有效地激发起家长的责任心和积极性,能够有效地防止把家长推向教师的对立面,演变成教师与家长和学生之间的矛盾,如此便得不偿失了。

(二)个别学生挑拨离间的心理倾向

是否会发现,每一届学生中都或多或少地存在着这样的学生,他们在与同学的交往过程中总是倾向于挑拨学生之间的关系。很多学生之间矛盾和冲突的发生都与这类学生有关,事情基本上都是在这类学生的挑拨下发生的。这就是很多人认定的“唯恐天下不乱”的那种类型,但他们并不具备“唯恐天下不乱”的思想和心理。这类学生也是非常善良和诚实的,对于学生之间发生的矛盾和冲突也非常不安,有的时候也会感到深深的自责。但他们总是不能很好地控制这种思想和行为倾向,总是不自觉地向这位同学抱怨那位同学的不好,然后在与那位同学交往的时候又抱怨这位同学的不好。其实有的时候这就是班级内

部主要的不安定因素，实质上起到了挑拨离间的作用，推动了矛盾的激化。

对于学生产生这种思想、心理和行为倾向的原因，研究发现存在一定的家庭环境根源。只要是家庭成员不团结，生活中存在经常性的相互抱怨现象的，一般情况下孩子总是具有这种心理和行为倾向。家庭中的某一成员总是向孩子抱怨其他成员这样不对、那样不对。比如，妈妈对爸爸的某些思想和行为存在不满，总是向孩子倾诉、抱怨爸爸哪些地方不好、哪些行为不对，甚至难以接受，以求得孩子的支持和理解。长此以往，孩子和母亲就站在了同一条战线上，共同“对付”爸爸。如果家庭成员再多一点，出现家庭成员相互抱怨，那么孩子自然会形成上面讲到的这种思想、心理和行为倾向。学生为什么和同学搞不好关系，喜欢挑拨是非，其家庭根源就在于家庭内部存在相互抱怨、拉帮结派的现象，学生会不自觉地模仿，长此以往便会形成类似的思想、心理和行为倾向。

对于这类的学生，要注意采取以下方式：第一，以不点名的形式坦诚地向学生讲述这种现象的存在。从德育的效果而言，坦诚胜过一切手段。坦诚地把这类倾向说出来，用开班会或者其他时间在班级内部以丰富学生知识的形式向大家讲解这种现象。让学生认识到这种心理现象和与之相对应的思想行为倾向。没有这种倾向和行为的学生会逐步自觉地抵制这种倾向，具有这种倾向和行为的学生会逐步意识到自己的这种思想和行为倾向。第二，学会引导。我们可以有意识地把具有这些心理和行为倾向的学生请出来，让他们谈对这种心理、思想和行为的看法，让他们向大家讲述如何抵制个别同学的这种心理和行为。第三，与家长坦诚的交流。引导家长在家庭生活中要相互维护，特别是不要把家庭成员之间的矛盾和相互之间的不满情绪流露给孩子。展示给孩子的是家庭之间的相互体谅、相互尊重和相互理解。做到以上三点，基本上就能有效地阻止甚至消除班级内部的这种相互抱怨、挑拨离间的现象了。

(三)小胖恨父亲

一名学生长得胖嘟嘟得非常可爱，再加上一张能言善辩的嘴，同学们都非常喜欢他，喜爱地称他“小胖”。开学一个月以来，小胖变了，变得沉默寡言，经常迟到，还经常顶撞班主任和任课教师。班干部说他神经不正常，没人敢管他。

班主任感觉一定有问题，但是多次询问也没有结果，直到有一天他又迟到了，并和任课教师顶撞了起来。这次班主任没有批评他，而是对他表示出特别的关心和理解。最后，小胖终于把表现不好的原因说了出来。

小胖的父亲是一名乡村医生，母亲是一位农民。不知从什么时候开始，小胖的父亲染上了赌博，经常在外赌博，彻夜不归，甚至经常邀请赌友聚集在家里彻夜赌博。小胖的母亲对此深恶痛绝。有时候，小胖的父亲还打骂小胖的母亲。对此，小胖坚决站在母亲一边。有一次，小胖的母亲和父亲又发生了冲突，小胖去劝阻，结果父亲打了小胖，并且提出离婚。后来，小胖的母亲把家里的玉米卖掉，结果，小胖的父亲就在当天晚上把卖玉米的钱全部输掉了，家庭发生了严重的冲突。小胖的母亲自杀未遂，小胖心里充满了对父亲的仇恨，发誓要杀了他。没过多久，小胖的父母离婚了。小胖随母亲生活，父亲负责小胖上学的费用。

班主任意识到事情的严重性，开始对小胖进行说服工作。从小胖的话里，班主任得知这段时间都是小胖的父亲给他送来上学的生活费。没钱的时候就给他的父亲打电话。父亲会到学校里给他送钱，每次还多给一点。抓住这一点，班主任教育小胖，父亲还是疼他的，无论如何他是自己的父亲，更何况他还每次给上学的费用。告诉小胖，对自己的父亲采取极端的做法是绝对不正确的，小胖也认识到了这一点。父母之间的矛盾是成人之间的事情，学生只负责好好学习就行了，其他的顺其自然就可以了。

(四)教师管不了家务事

一名学生父母离异，来学校报道的时候是由其母亲把他送到了学校。某天，这位母亲突然给班主任打来电话并告知今明两天会有该生父亲一方的家里人到学校来给学生请假，要求不能让孩子离开学校，否则就和学校没完。当追问原因的时候，学生家长拒绝解释，只告知，无论谁来，也不能让学生离开学校。班主任一头雾水，只能无奈地笑了笑。

第二天，果然有两名自称学生叔叔的男子来学校要求接这名学生回家，因为这名学生的奶奶过世了。不知是什么原因，这名学生的父亲不能回家，只能让这名学生回家顶替父亲的角色。

班主任突然意识到事情的复杂性，领着学生的家长来到学校教导处，把事情向学校领导作了汇报。同时，另一名男子直接去教室找到这名学生，并带到教导处。重新说明情况后，家长要求学校给这名学生准假。班主任直接表态，这种事情没遇见过，不知道如何处理，人家的家务事，不能参与。领导持相同观点，学生是否请假班主任管不了。领导建议让这名学生给母亲打电话。学生的母亲坚决反对学生请假，并且重新强调，如果让学生离开学校，会直接来学校找班主任的责任。

在场的学生也左右为难，最后问班主任：自己是否应该回家？班主任直接回答：这种事情老师确实无法给出建议。老师不是万能的，这种事情老师无法帮助你，请原谅老师。

有的人会问这件事情最终应如何解决呢？

很简单，电话通知这名学生的母亲，抓紧时间来学校。你们的家务事与老师无关。这名学生的母亲来学校后，把学生当着学校领导的面交给家长即可。

至于后续的事情，作为教师，就没有必要过问了。

（五）家长突然兴师问罪

我们经常会遇到在班主任不知情的情况下，突然有家长到学校以各种理由找班主任兴师问罪，情绪激动，言语过激。出现这种情况的原因很大程度上是由于学生打架，来学校兴师问罪的往往是所谓的“弱势群体”。这种学生之间的暴力往往是在班主任不知情的情况下发生的，所以会让班主任措手不及，为部分家长胡搅蛮缠提供了机会。

在这种情况下，首先要做的就是让家长冷静下来，把事情说清楚。如果家长情绪过于激动，甚至带有相当程度的攻击成分，建议教师把这件事情暂时拖一拖、回避一下，大家都冷静后处理会更好，既可防止家长和教师之间的矛盾激化，也可防止教师有意无意之间就直接介入学生之间的争端中去。如果是这样，事情就更不好处理了。或者说直接向领导汇报，让领导介入处理。急于处理反而会更糟，给后续工作设置不必要的麻烦。从这一点上来讲，拖一拖反而更好，给自己的工作留下余地和空间，不至于又成为弱势群体或者无辜的受害者。

从这里可以加上一点，对于教师特别是班主任的管理而言，及时准确地掌握班级学生的信息至关重要，这是成功教育管理学生的基础，也是有效地预防和处理学生管理事故的最基本的保障条件。学生出了事情或者说就要发生什么事情，做教师的特别是班主任一无所知，这就是管理最大的失误。有很多事情我们可以不管，但是不能不知道。只有准确及时地了解学生之间发生的一切，才能够使我们的教育、管理有的放矢，而不至于措手不及。

介绍一个案例：某年国庆节放假时，上午第二节课以后全体学生放假回家，第二节课由班主任到教室安排放假的相关工作。班主任到教室的时候发现少了一名学生，问其他学生，都说不知道。班主任就认为这名学生提前回家了，也没有找家长核实情况。结果就在放假期间，派出所找来了，班主任这才知道：就在第一节课的时候，那名学生在教室里被其他几名学生打了，所以跑回了家，挨打的学生后来被诊断为颅骨轻微裂缝。随后，这名学生的家长就报案了。受伤的学生家长以班主任管理疏忽为由，直接找班主任兴师问罪，要求班主任垫付医药费。同时，班主任还得协助派出所处理案子，弄得措手不及，非常被动。

这名班主任最大的失误就在于没有及时地、准确地掌握班级内部的情况，想要了解情况的时候，反而了解不到，没有建立起便捷高效的信息渠道，使自己的工作陷入被动。

我们是否发现有的班主任，当学生出现了事情，把学生关在办公室里，像审贼一样，费了很大劲还是不能很好地了解到真实的情况。但是有的班主任，对于这些事情了如指掌，学生违纪经过就是在班主任的提示下写出来的。这样的班主任对自己班级学生的情况非常清楚。如何做到的？一是自己的任课教师，最了解学生的就是任课教师，他们一天十来节课都和学生在一起。二是学生内部有自己的贴心人。最了解学生的是学生，因为他们整天生活在一起，将要发生或者发生了什么事情，学生了解得最清楚。有了这两点就没有教师不知道的事情了。

(六)教育凭直觉，不讲策略

在一个中学给家长和教师们做报告的时候，笔者提出了这样的问题：两口子加起来快 80 岁了，对付不了一个十来岁的孩子，咱们的脑子干什么用了。有的家长直接问我，能这样加吗？我说如何不能。我们一直在抱怨我们的孩子不动脑、不听话，难管。为什么不问一下自己，我们(包括很多教师在内)的聪明才智到哪里去了。不是没有，是没有动脑解决问题的意识和习惯。

但是有的家长则很有办法，孩子的一举一动、一言一行都看在眼里。我们能否也发挥一下自己的聪明才智，把孩子引导到自己所期望的轨道，能否让自己也体验一下自己的聪明才智，体验一下成功的乐趣。一旦这种做法成为习惯，我们自然会很认可自己，而不是体会到失败和挫折。教育最大的忌讳在于情绪，不良情绪会导致不理智和失误。

(七)一巴掌 1 万元

一学生被另外一个班级的学生欺负了，便向自己的班主任哭诉，班主任护短，得知自己的学生被扇了五个耳光，立即带领受欺负的学生到其他班找那名学生。打人的学生被叫出来以后，这名班主任让自己的学生回扇了五个耳光。但是后续的问题来了，打人的学生家长找到这名班主任，要求一耳光赔偿 1 万块钱，否则就没完。这个事情在媒体上曝光以后，引起了轩然大波，各种声音都有。这里只提一点，实际上问题出在了班主任之间的合作上。一定是班主任之间出了矛盾，否则不会引起一系列的后续问题。两个班级之间的学生出现问题，首先介入解决的是两个班的班主任。如果两个班主任之间没有心理上的抵触和矛盾，一般情况下不会出现上面所说的情况。

(八)向孩子屈服了

一名学生来学校报到的时候，有好多家庭成员陪着，有爷爷、奶奶、姑姑、母亲、父亲。顺利报到后，第二天进入新生的军训阶段。军训第一天完毕，这名学生的家长来学校接孩子，说孩子受不了军训，军训完毕以后再回学校上学。结果，军训完毕以后，学生的爷爷找到班主任，说孩子不想上学了，好说歹说就是不来，否则就要离家出走。家长无奈下只能顺从孩子。爷爷说，如果强行让孩子来上学，万一孩子离家出走了，孙子就见不到了；如果不上学，至少孩子能够留在家里，至少还有孙子。

这名学生的家庭教育就出现了问题，问题的根源可能就出在孩子的爷爷身上。孩子的威胁竟然让家长屈服了，这既可怜又可恨。

(九)学生有毛病，找家庭根源

一名班主任找到笔者，说班里有一名学生烟瘾很大，经常在宿舍里隐蔽起来抽烟，抓住过很多次，也多次通知家长，都是立刻见效，但很快复发，并且因为吸烟在宿舍里引起了很多同学矛盾。笔者建议班主任了解一下学生的家庭，看看他的家里是否也有人抽烟。结果，这名学生的祖父、父亲都是烟民，这名学生自然也有了吸烟的恶习。带有不良习惯的学生是在不良的家庭环境中成长起来的。

是否会发现，很多学生有赌博、文身、喝酒、网瘾等不良习惯和爱好，我们可以从他们的家庭根源找起。也就是说，这样的孩子是在这样的家庭环境中成长起来的，自然也会沾染上这些不良嗜好。对于这些不良嗜好，一定要与家长协调好，统一意见，至少要保证在学校里不能出现这种情况，必须要得到家长的书面支持和实际支持，否则，学校工作就会陷入被动。

(十)教育效果的形象比喻

教育就是一棵树推动另一棵树，一朵云推动另一朵云，一个灵魂唤醒另一个灵魂。但是在现实中，我们可以反省一下我们对子女、对学生的教育。我们作为一棵大树，努力摇动自己的时候，所带起来的气流能不能带动这些小树随着我们的摇动而有节奏地、努力地去动。主动地动了，而且是在我们的摇动下积极努力地、有节奏地去动，说明我们的教育成功了。但是现实中的很多情况是，小树不仅仅不动，而且还会对我们的摇动产生很大的抵制和反抗情绪，反而让我们的摇动作出很大的调整。同样可以类推，一朵云推动另一朵云，我们推得动他们吗？有的时候不仅推不动，反而让我们做出让步。我们的灵魂在努力唤醒学生的时候，唤得醒吗？是否我们的学生依然我行我素、执迷不悟，甚至与我们产生了严重的对抗。有很多家长和教师一直在抱怨学生屡教不改，但是有我们自己的问题吗？是我们自己的方式出了问题还是我们的学生出了问题？问题是什么？如何解决成了家长和教师必须要解决的问题。

(十一)对家长的引导

有的家长这样教育自己的孩子：孩子呀！在外边不能吃亏，知道不？谁要是欺负咱,就狠狠地收拾他。打伤别人不要紧,大不了咱出钱给他看病,总比别人打了咱给咱看病强。

一次一名学生因打架,家长被请到学校来。教师当着学生的面宣布学校的处理决定:先由家长领回家反省,保留学籍,留校察看,并且垫付受伤学生的医疗费用。家长立马当着孩子的面就指责教师对孩子的处分过重,并且学生打架是否教师也应该承担责任、承担医疗费用。一条战线上的合作者出现了冲突和内讧,学生的教育可想而知。

同样的事情发生后,另一名教师首先把家长单独叫到办公室,把事情的原委告知家长。并且告知家长,像我们的家长素质比较高,相信能够妥善地处理这些事情,请家长为了自己的孩子妥善地处理这些事情,学校会主动配合家长对孩子的教育。这样的话就会促进家长主动配合学校对学生进行教育。改变学生的过程特别是改变问题学生的过程,是一种相互配合、恩威并施的过程,有经验的班主任会直接向家长说明情况,明白事理的学生家长都会自觉地配合,从而有效地避免不必要的争端和冲突。

另外,一般情况下与教师发生冲突,不配合学校对学生的教育措施的、所谓的"学生家长"都不是真正的学生家长,而是亲戚、朋友等,他们是产生家校冲突的重要原因之一。而真正的学生直系亲属,往往大多能够倾向于配合学校对学生的教育措施,特别是惩戒措施。

(十二)家庭成员相互抱怨

一学生家长到校向孩子的教师抱怨:孩子之所以成了现在这个样子,都是孩子的妈妈娇惯的。每次要零花钱,都是跟我要一份,还要偷偷地跟他妈妈要一份,还经常跟奶奶爷爷要一份。家里人都瞒着我。教师问:你干什么去了,为什么不管孩子。家长说:我整天忙着挣钱,管不上。家庭成员之间的合作出现了问题,不能够有效地合作起来处理孩子的教育问题。对于家庭教育而言,首先需要解决合作与分工,而不是各自为政,甚至相互抱怨。至于学校教育,也同样需要教育者之间的有效合作。

(十三)引牛入棚

在一个农场里,农场主和他的儿子在努力地把一头小牛赶到牛棚里去。农场主在后面推牛的屁股,儿子则抓住牛头用力地拉。小牛奋力地将四条腿支撑在地上,一动不动。旁边养牛的工人笑眯眯地看着这一幕。父子俩人累得满头大汗也没能成功。工人走过来,把手放在牛的嘴边,小牛不自觉地伸出舌头舔工人的手,随着工人慢慢地走进了牛棚里。

农场主和他儿子的努力遭到了小牛的坚决抵制。我们(包括家长和教师)

对学生的教育管理行为是否也遭到了孩子的抵制和反抗，就像农场主父子俩无法达到自己的目的一样，我们的教育管理行为是否也产生了无效性。如果改变一下方式，就像小牛主动顺从养牛工人的引导一样，主动进入牛棚，我们能否让学生主动顺从、配合我们的教育管理行为，同样也成为我们教育管理者应该思索的问题。

教育管理也遵循“顺着好吃，横着难咽”的心理认同规律。只有将主体与客体或者说关系主体之间的关系理顺了，将被动的行为转化成学生主动的配合甚至积极行动的时候，我们的学生管理才能够水到渠成，顺理成章。

（十四）猫吃辣椒

一人提出如何让猫吃辣椒，众人苦思冥想寻找对策(大家也可以想一下，有没有比较完美的办法)。有人说，把猫绑起来，把辣椒塞到猫嘴里去。有人提出，把辣椒放在猫爱吃的食物里，在猫吃食物的时候，顺便把辣椒吃下去。经过讨论，这些办法都不完美。最后有人提出，把辣椒抹在猫屁股上，当辣椒辣得猫屁股火烧火燎的时候，猫就会不自觉地去舔屁股。如此，便实现了猫吃辣椒的目的。仔细一想，这不失为上策。前两种做法，特别是第一种，即使成功，也是以激化矛盾、破坏关系为前提的。当矛盾积累到一定的程度，可能得不偿失。但是第三种做法，使得猫吃辣椒由被动变成了主动，确实不失为上策。

把学生管理比作猫吃辣椒似乎不太合理，但是我们的管理过程与让猫吃辣椒的过程似乎也有相通之处。能否将学生被动地服从管理转化成学生主动地、自觉地配合管理？强制性的管理行为起不到应有的作用，即使最后能够成功，也是以破坏关系为前提的，有时还会给管理者造成不必要的伤害。另外，这种强制行为不能持续多久，随着学生年龄和身体的成长，思想和心理的逐渐成熟，强制就会变得越来越难，最后基本上不管用了。我们都知道，学生第一年到学校的时候，十四五岁，身体还在发育，思想还不够成熟，非常惧怕教师，我们可以依靠威严，促使学生服从我们的管理，但是在三年中，我们学生的思想越来越成熟、身体越来越强壮，对教师的了解也越来越多，慢慢地开始挑战教师的权威。这时候，强制性的管理就不灵了。所以，如何将教育管理学生的过程变成一种学生自主、自觉、自发的服从过程，就像猫主动添自己的屁股达到吃辣椒的目的一样，才是我们教育管理者需要研究的问题。

（十五）厨师与老板

老板对厨师说：“我今天郑重地告诉你，我体会到你也不容易，从今天起我要对你好一点。”“是吗？如果我做的饭晚了一点，你不会骂我吧？”“不会。”“如果咖啡煮得稍微热了一点，你不会泼到我的脸上吧？”“不会。”“如果我因为特殊情况迟到了，你不会再随便扣我的工资了吧？”“不会，绝对不会，我向你保证。”老板肯定地回答。“那我也向你保证，我再也不会向你的汤里吐口水了。”

这虽然是一则笑话，但是我们是否意识到，是不是我们的学生也在向我们教育的汤里“吐口水”。矛盾积累到一定程度，学生会向我们教育的汤里下“毒药”的。所以，是不是我们也应该通过最基本的同情，改善一下关系，养成同情学生的习惯，至少学生不会主动向我们的汤里“吐口水”，减轻他们报复的意愿，对我们也是有利的。

实际上，师生之间的交流频率与容量是衡量师生之间关系和教师管理水平的一个重要标志。有的时候，在与我们交流的过程中，我们的学生不仅没有得到心理需求的满足，反而产生了强烈的罪恶感和抵触情绪，甚至师生关系出现严重裂痕。你知道你的学生为什么不愿意和你说话，躲着你，甚至和你对着干吗？因为不懂人情。学生需要有充满人情味的、有爱心的教师与自己交流，当自己受到伤害或不公平待遇的时候，能有倾诉的对象以寻求安慰和理解。指责与批评只能加大师生之间的鸿沟和学生的憎恨。

与学生交往的过程中，有的教师非常严肃，没有笑过，学生也没有笑容，在教师的面前他们总是畏畏缩缩或者无所谓。我们对学生表现出的是没有兴趣甚至厌烦，基本上没有鼓励过学生。鼓励应该是教育管理中的一门课程，是让我们感受到爱的过程，因为所有的教育都源自爱。爱需要通过温暖、关心、安慰、同情、温柔、艺术技巧等向学生传递。在我们的学生管理过程中，很少看到这种爱的传递。忽视这一点，我们教师容易走向两个极端：有的教师的管理近似于粗暴的统治，我们的学生在自己的教师面前畏畏缩缩；而有的教师对自己的学生冷漠、不管不问，师生之间形同陌路。

我们要充分意识到对学生疏远的态度、侮辱的语言和伤害的行为，只有真正的同情才能够对学生的需要做出正确的反应，而且不受学生的影响，才能够填补学生与教师之间的年龄差距和心理鸿沟。

在现实的管理过程中，面对学生越来越多的挑衅，我们不能“以牙还牙”，需要在同情和尊重的氛围中正确及时地了解学生的需求和动机，通过满足学生的各种需求来拉近师生之间的距离，在满足学生需求的同时引导学生主动地、顺从地、积极地沿着预期的方向去努力，这就是需求引导。

二、家长不配合，教师不敢管

很多中职学校教师对问题学生的管理不太积极，甚至直接放手不管，形成这种心态和行为的重要原因之一在于一旦管理“失当”，便会为自己招致很多不必要的麻烦，特别是一些学生家长的无理取闹。在管理过程中，直接或者间接地因为学生管理导致教师和学生家长的冲突，给教师造成了很多不必要的麻烦。更何况一旦出现这些问题的时候，学校没有及时地为自己的教师遮风挡雨，教师成为家校纠纷中的弱势群体。随之而来的便是学生管理过程中的“不求有功，但求无过”的心态和行为。但是，问题学生不管又不行，如果长期放纵这些学生的行为，会搅得班里不得安宁，班级内部很多学生冲突、师生冲突、课堂秩序的破坏，甚至班级之间学生的冲突都与这部分问题学生有关，严重影响到整个班级的秩序和稳定。如此，很多教师采取了退而求其次的办法。一旦班内问题学生出现了违纪现象，立即通知家长，领回家反省。这些学生在回家反省期间是班里学生管理工作顺利的阶段，班级内部非常清静，秩序良好。但是此类学生一旦返回学校（我们不能总让他待在家里呀），班里的秩序又开始恶化。当然，在回家反省期间，家长会想尽办法让学生早点返校。如此，一些班级问题学生就会频繁往返于家庭与学校之间，形成了班主任推给家长、家长再推给班主任的局面。长此以往，受到直接影响的就是这些所谓的“问题学生”，最终这部分学生就慢慢因厌学而流失了。

从事学生管理的教师都亲眼看见或者亲身经历过因为管理学生导致教师与学生和家长发生冲突的事例，给教师造成很多不必要的麻烦，甚至精神上、经济上、身体上的伤害。学校领导也没有及时地站出来，为自己的教师遮挡风险，一定程度上伤了教师的心。因为“公事”给自己“私人”造成没有必要的麻烦，这也是中职学校教师管理学生不积极和班主任难找的重要原因。

据了解，每所学校基本上每年都要发生几次学生管理过程中家长和教师之间的冲突。特别是当学生打架造成人身和财产损失的时候，教师特别是班主任被夹在中间，有的家长甚至直接提出班主任是否应该负有一定的监管责任（既然有责任，那么，出现了损失就要赔偿）。另外，学校有的时候为了推卸责任，强迫班主任签订班级学生安全责任书，致使班主任成为班级学生管理事故的唯一承担者。同时，每年都会出现由于班主任或者任课教师一时气愤，动手打了学生，即使不太厉害，也有相当部分学生家长来学校质问教师，甚至要求金钱上的、精神上的赔偿。一般情况下，学校领导出于自身、学校、社会各方面的考虑，不会把事情接过来，只希望教师处理后息事宁人。这类事情每出现一次，便会在学校教师之间传得沸沸扬扬，教师管理学生的积极性和主动性会受到严重的挫伤。有很多教师形成了如此的想法：管不了可以不管，无所谓的，犯不着因为学生给自己找些不必要的麻烦。

在以上情况下，问题学生不可能顺利完成学业，更别想所谓的“成人”“成才”了。当然，教师特别是班主任的学生管理工作也处于非常被动的局面，甚至整个工作过程全部都是围绕着这些问题学生而奔波，造成两败俱伤的局面。有的时候，班主任工作就是为这些难管的学生做的。另外，职业学校招收的就是在初中阶段班级内部的问题学生，只不过是这部分问题学生在中职学校里集合了一下，形成了大部分或者全部是问题学生的现状。这部分问题学生的家长早就在学生初中或者小学阶段就已经有了和教师做斗争的本领。学生难管，家长也难对付，成为中职学生管理的最大难题之一。

没有家长的全力支持和配合，我们的教师不敢管，至少不敢放手去管。怕出事、不敢管、不愿管成为职业学校教师管理的重要心理倾向，严重影响到中职学校的学生管理和人才培养。要想管好学生，如何取得家长的配合与支持成为中职学生管理取得成效的首要条件。

三、问题学生的家庭环境分析

(一)问题学生是在有问题的家庭环境中成长起来的

家庭教育环境是影响学生成长的重要前提，也是最重要的因素之一。家庭教育理论认为：在家庭教育中，父母与子女有着天然的血缘亲情关系和供养关系，教育者与受教育者更具有情感互动优势，因而更容易产生“教育共振”效应。正是从这个角度出发，我们认为家庭教育在学生成长过程中起到的全面性、基础性、权威性作用是不可低估的。从生长环境熏陶上来说，就学校、家庭、社会三维环境而言，孩子在家庭中度过的时间有 1/3 多。而且对于心智正在发育的青少年学生来说，家庭的影响甚至超过社会。家庭环境在日常生活中长年累月、潜移默化地影响着孩子，孩子在第一环境中接受教育的影响往往具有一定的权威性和深刻性，在家庭中学到的知识往往也是最牢固的。家庭环境的适合与否将直接影响到青少年良好习惯的养成和特定性格的形成。从这一点上来讲，问题学生是在有问题的家庭环境中成长起来的，是被有问题的家长养育出来的。

(二)要充分了解问题学生的家庭教育情况

1. 问题学生家庭教养方式分析

在家庭对子女的不同教养方式下，孩子会形成不同的性格，这种不同的性格是教师对中职学生进行管理必须首先考虑的重要因素。目前，中职学生家庭的教养方式大致有六种类型，不同的类型会使学生产生不同的个性。

(1) 在家庭教养方式比较民主的环境下长大的学生独立、大胆、机灵，善于与别人交往协作，有分析思考能力。这部分学生属于学校的优等生，一般情况下会进入了重点高中读书。不是实力特别强的中职学校，争取不到这种生源。

(2)在父母过于严厉、经常打骂的教养环境下成长起来的学生则顽固、冷酷无情、倔强,或缺乏自信心及自尊心。这部分学生是容易出现打架斗殴现象的那一部分,也是让班主任最头疼、最担心的那一部分。

(3)在父母过于溺爱教养方式下成长起来的学生任性,缺乏独立性,情绪不稳定,骄傲。这部分学生是班级内部请假比较多的那一部分。多少有点问题就会请家长来接或者直接请假回家。同时,这部分学生也是班级内思想转化难度最大的学生。

(4)在父母对孩子过于爱护下成长起来的学生则被动、依赖、沉默,缺乏社交能力。这部分学生属于班级内部的弱势群体,基本上不给老师惹事,但是容易流失,主要原因是被其他同学欺负。

(5)在父母的教养分歧中成长起来的学生警惕性高,两面讨好,易说谎,投机取巧。这部分学生在班主任和教师面前油嘴滑舌,容易欺骗班主任。不过这部分学生一般头脑灵活,违反纪律的概率相对较小。

(6)在父母支配型教养方式下成长起来的学生顺从、依赖,缺乏独立性。这部分学生和第四部分学生基本上一样。从管理的角度而言,这部分学生还属于好学生,但是容易被强势的学生欺负。

这六种不同教养方式下形成的不同个性的中职学生是学生管理者必须要了解和考虑的。从中职学生特殊家庭环境下形成的个性出发,采取适当的管理措施,就会较大程度地提高中职学生管理的效果。

2.问题学生家庭教育类型分析

(1)家长事业型:一部分学生由于受家长潜移默化的影响,在学习上积极上进,在行为上严格要求。由于家长把大部分时间花在自己的工作上,在家长的影响下,孩子养成了很强的自主意识,独立学习能力很强,这是成功的一部分。这部分学生在中职学校占有很小的比例,因为这部分优秀学生去了高中。

还有一部分学生,由于家长忙于工作,无暇照料,而自己从小又没有形成良好的学习习惯和学习行为,使得后面的教育出现一系列的问题。经调查,城市中职学校的学生有10%左右属于这种类型。家长整日忙于自己的工作,在一定程度上严重影响了孩子的学习和良好性格的养成,其中还有一部分家长就是教师。这种情况下,家长会在一定程度上积极配合中职学校对学生的管理。但是要想快速提高管理效果,需要家长从时间和精力上给予较多的配合。部分农民工的孩子也属于这种情况。

(2)忽冷忽热型:家长经常以工作、生意忙为由,很少了解孩子的学习和在校其他的表现,从不过问学生完成作业的情况,很少和孩子交流思想和感情,教育孩子的方法简单粗暴,一旦出现问题有立即有了责任心,急于求成,一旦问题缓解，又处于不管不问的状态，使得教育效果更加糟糕。

这些学生在中职学校的表现往往是我行我素，学习态度不端正，没有学习计划和目标，得过且过，经常流露出不健康的思想，容易接受一些社会不良影响和电视媒体上的负面宣传，从而放松进步的要求，纪律散漫，对教师和同学的劝说难以接受。

据调查，这种学生在中职学校问题学生中可占到一半以上。没有生活目标、自由散漫、得过且过，甚至把学校当作所谓的"青年疗养院"。

(3)家庭溺爱型：家长对孩子过分重视，处处以"护花使者"的身份出现，无论孩子发生什么问题，是对是错，总是站在自己孩子一方，偏听偏信，替自己的孩子说话，这样会造成自己的孩子与其他同学不和、刁钻霸道、自以为是，各方面表现并不十分理想。一般情况下，当自己的孩子受到了欺负，这种家长会说："他打你，你就不会打他吗？宁可给他看病，也不能吃亏。"这种类型的学生在中职学校的问题学生也占有相当的比例，给中职学校学生管理者造成相当大的困难。这种学生往往成为教师不愿意管、不敢管的学生，也成为学生管理事故多发点和学生流失的重点。

(4)放任自流型：家长对孩子的教育和成长完全丧失了信心，将他们放到社会上又会给家长惹是生非，家长就将学校看成了孩子的"存放地""避难所"。家长一般认为，孩子学习与否并不重要，只要孩子吃好、喝好、玩好，不惹事就行。有很多家长直接说，让孩子来职业学校长长个头就行了。这种孩子在家里经常惹父母生气，在社会上又待不住，容易惹是生非。家长的这种心态无疑会加重孩子浪荡、散漫、不服管束的心理倾向，严重的会与管理者和任课教师发生冲突。

3.问题学生家庭生活氛围分析

家庭气氛可以划分为融洽与对抗两种类型。家庭中的气氛是由家庭中全体成员所造成的，但主要由夫妻关系造成。家庭中的家庭成员的关系，特别是夫妻关系影响着家庭其他成员之间的关系，影响孩子性格的形成和发展。

家庭不和主要是指夫妻关系紧张。由于夫妻关系紧张而造成的恶劣的家庭气氛，常常会成为妨碍孩子健康发展的最重要的原因之一。心理学家指出，家庭环境中父母紧张的冲突关系会成为孩子心理创伤的背景。这种心理创伤使孩子的性格带有一系列消极特点，并且可能导致孩子在神经、心理上的某些病态。挪威医生克林格兰通过调查研究后认为：在夫妻间长期存在紧张关系的家庭里，孩子最容易患精神疾病。特别是有的家庭出现了三人拉帮结派的现象，孩子自然形成相似的性格和做事风格。

夫妻关系紧张往往会给孩子造成莫大的心理创伤。孩子有可能出现神经系统的紊乱，在一定条件下会导致神经管能症的发生，还会造成孩子的情绪紧张。夫妻经常性地争吵、漫骂等，会妨碍孩子正常情感的发展，使孩子形成不良的性格。其性格大多具有暴躁、多变或迟钝、胆怯、犹豫不决等特点。夫妻关系紧张时，孩子很难形成良好的人际关系。这样家庭里的孩子会感到周围充满敌意，进而认为社会上的人都是这样，不愿意乃至害怕与外人接触。这种情况下，孩子难以产生对亲人的诚挚爱意和对外人的友善感情。

在对抗性家庭中成长起来的孩子，一般情况下学习能力和学习成绩不高，进入普通高中就读的可能性相对较小，进入中职学校成为了他们求学的唯一选择，因此，这类学生在中职学生中占有一定的比例。在气氛紧张及冲突型家庭中成长起来的孩子缺乏安全感，情绪不稳定，容易紧张和焦虑，长期忧心忡忡，担心家庭悲剧发生，害怕父母迁怒于自己而受严厉的惩罚，对人不信任，容易发生情绪与行为问题，给中职学生管理造成了较大的困难。

4.问题学生家庭结构分析

家庭结构：家庭中成员的构成及其相互作用、相互影响的状态，以及由这种状态形成的相对稳定的联系模式。家庭结构包括两个基本方面：家庭人口要素，家庭由多少人组成，家庭规模大小。家庭模式要素，家庭成员之间怎样相互联系，以及因联系方式不同而形成的不同的家庭模式。

有研究表明，来自两代人家庭的学生在好奇心、坚持性、伙伴威望、与人关系及对劳动态度上均优于来自三代人家庭的学生。这主要与三代人家庭中祖(外祖)父母对孩子的溺爱等因素有关。

当问及学生家长他的孩子为什么如此固执、自私的时候，孩子的父亲就埋怨说，我每次对他进行管教的时候，孩子的奶奶爷爷总是护着，很多毛病都是老人家给惯出来的。有一段时间，孩子整天和奶奶、爷爷在一起，甚至躲着父母，几个月不和父母见面。每次上学的生活费都是父母给一次，私下里再跟奶奶、爷爷要一部分，养成了花钱没有节制的毛病。当被问，你作为孩子的父亲，你做什么去了。这名家长只是说自己忙着挣钱养家。实际上，这是普遍存在的问题，特别是在农村，父母在外地打工挣钱，孩子在家里跟随祖(外祖)父母一起生活，得不到有效的管教，更具有普遍性。

有次，一名学生的父亲当着教师的面，直接埋怨孩子的母亲，说都是她给惯的，每次我管的时候，她都护着，甚至娘俩合伙跟我斗争。教师后来告诉他们，现在应该合作管一下孩子，现在努力还不晚。

对学生而言，家庭成员组成结构不合理分为两种情况：父母离异和父母缺失，形成单亲家庭。据调查，职业中学的学生中，来自单亲家庭的学生比例呈上升趋势，甚至在个别班级在10%以上。在单亲家庭中，许多父母只注意自己感情的得失，精力并不在孩子身上，对于孩子的养成教育投入不多，管得也少，平时对孩子的学习情况过问就更少了，一旦孩子出现问题，便怪罪于另一方。这样，有些孩子就从中钻空子，竭力逃避学校纪律的约束。这些家庭中的孩子，出现逃学现象的比较多，学习积极性也不是太高，人情味淡，一旦与社会闲杂人员接触，极容易学坏。通过调查发现这类学生的比例在50%以上。家长有不良嗜好，如爱打麻将、跳舞等，大量时间花在不良嗜好上，对孩子的学习、生活不管不问，使这部分学生在学习上没有养成良好的习惯，各方面不是太努力，生活中比较散漫。

在学生管理过程中也发现，父母缺失如父母有一方因病或者意外事故造成的家庭结构不完整，这种学生相对成熟得比较早一些，相对比较懂事。但是父母离异环境下成长起来的孩子，大部分都存在性格上的缺陷。另外，与家长关系的处理也比较难，相当部分家长属于不讲理的类型。再者，个别孩子不良习惯的养成都有其特定的家庭背景。例如，有教师说，我班里一名学生热衷于赌博，和家长通知了好几次，家长只是到校说几句然后就不管不问了。笔者就告诉这位教师，调查一下是不是家长也有这种爱好，结果这名学生的家长本身就有这种爱好，经常有人在他家里赌博。便让教师重新把家长请来说明利害关系，让学生写下保证书，如果再出现这种情况，按学校纪律处分，家长签字摁上手印。如此，主动权就掌握在教师的手里了，促使家长与教师合作。签完字以后，学生的父亲给学生说，以后不能在学校里赌博了，咱签上字了，弄不好学校要开除的。结果学生说，在家里行不？家长虎着脸没有回答。实际上，有些学生的抽烟、喝酒等违纪现象都有其特定的家庭根源，必须与家长合作才行，否则教师会很被动。

四、部分家长的重视程度不够

家庭对教育的重视程度直接决定了家长与学校的合作程度，职业学校的学生管理只有得到家庭的有效配合才能提高学生管理效果。随着国家对职业教育重视程度的提高，越来越多的家庭不再对学生接受职业教育持消极态度。但是仍有相当比例的学生家庭（包括教师家庭）对孩子接受职业教育重视不够，认为孩子接受职业教育是不得已而为之的选择。因此，在学生管理上家庭与学校的合作不太积极，甚至不闻不问，放任自流。中职学校学生管理得不到学生家庭的大力支持和配合，学生管理效果自然不高。一学生家长坦言：孩子没处去了，社会上待不住，在家和父母闹家务。把他送职业学校里去吧，找个看孩子的地方，图个清静。孩子在学校里学多少东西，无所谓，只要不惹事，长个就行。如此心态，也就决定了他的孩子在学校里的状态和与教师的合作程度。

要想提升家长对孩子接受职业教育的重视程度，就必须让他们看到希望。不重视的原因就是没有看到希望。学校可以通过多种方式让学生家长看到希望，如教师主动找出学生的一些突出的优点和特长，在家长面前作出正面的积极分析，让他们觉得自己的孩子不是一无是处，而是有很多优点。除此之外，有的学校专门编辑了本校学生的成功案例集，里面详细地描述了学生入校时的状况、在职业学校的转变、成功的经历等，并且明确地表明这名学生具体的家庭住址，甚至联系电话，或者在开家长会的时候，直接让一些成功的学生来作成长经历的报告。实际上，相当部分学生都来自同一片区域，如同一个县城、同一个乡镇，甚至同一个村庄社区等。也就是说，这些成功的人和案例都来自我们的周围，增强了说服力，让家长看到了希望，才能够提升对职业教育的重视程度。家长重视了，自然愿意同教师合作。

五、争取家长的支持与配合

(一)与家长交流的技巧

(1)可以表达愤怒和不满，但是就事论事，不要伤害家长，要让家长看到希望。在家长面前谈论到他的孩子时，多少地会惊扰了家长对孩子的美梦。对家长来说，孩子意味着他们对美好明天的希望，如希望通过孩子摆脱平庸，光宗耀祖，在社会上取得一席之地(职业学校学生的家长也是如此，只不过是这种美梦受到了打击，要重新燃起家长的希望之火)。教师对孩子的评语可能会深深地触痛家长内心的情感和梦想。因此，交流中一定要让家长看到希望，让他知道只要和教师合作，孩子还会有希望，否则家长不可能与教师合作。

下面是教师对家长说的一段话："你的孩子做事非常懒散，经常迟到，不听话，态度也非常恶劣，并且经常欺负小同学，品质有问题，老师是管不了的，你作为家长该管管了。"

这段话犯了严重的错误，教师的抱怨容易引起家长的反感，特别是对孩子人品的质疑会引起家长对教师的直接心理对抗。话里面充满了对家长的不满和责备，不能够有效地促进家长的主动合作。

家长的反映是：我管得了，我用你干什么，留在家里就行了；我的孩子品质有问题，不可能，你才品质有问题呢；我的孩子懒散、迟到、态度恶劣、欺负小同学，你上学的时候没这么做过，孩子出了这些问题，你一点责任没有？我的孩子可是在学校里出的这些问题，在家里从来没有这样过。

如此，本来在一条战线上的家长和教师出现了内讧，更谈不上家长与教师的合作了。出现了这种情况，我们就把家长推向了自己的对立面，将同一条战线上的朋友变成了自己的敌人，给自己增添了很多不必要的麻烦。

(2)先把家长抬到一定的高度，让他下不来，便会主动与教师配合。要让家长知道，你的孩子先天素质非常高(家长不愿意让教师说孩子先天素质不好)，教师非常在乎他的成长(表明态度)。如果这个孩子早一些来到我这个班级，孩子不会到今天这个地步。但是还不晚，只要你支持我的工作，与我合作，你的孩子会很有前途(让他看到希望)。

下面是家长被教师请来，教师向家长说的一段话："您的孩子，智力、人际交往能力等各方面都具有非常好的先天素质(家长乐意听这句话)。如果调整好了，孩子会很有前途的。只可惜来到我这里时间太短，还没有完全调整过来。另外，我也看得出来，你的素质明显高于其他学生家长(先把他抬起来)，所以今天单独把你请来，单独商量一下孩子的问题。你是不是前一段时间忙于工作或者其他事情了，不能抽出时间管孩子了(再给他个台阶下)？说实话，我觉得对于你的孩子，你还不如我关心(变相批评)。"

(3)不要随便给家长出主意。有些教师在与家长的交流中总是会喜欢谈论自己，他们讨论自身的经历或者谈论自己如何管孩子，甚至谈论自己的孩子多优秀，以为这些可以提供给学生家长做参考。但是这样容易引起家长的自卑和心理的反感。一位家长听了教师这样的诉说以后，诉苦道：他又不是我，我的情况跟他不一样，如果他了解的话，就不这样说了。教师最好不要随便给家长设想或者出主意，以显示出对家长的尊重。家长总是喜欢遇到问题就向教师请教，结果只能证明出主意的人徒劳无功。经验丰富的教师都知道，任何时候都要尽量避免直接告诉家长该做什么或者不该做什么，即使家长直接这样问的时候，不要马上给出意见。教师要鼓励家长说出内心的担忧和希望，让家长自己作决定。家长只有做完了"情感的家庭作业"，充分地表达了自己，以引起教师的共鸣之后，才能从教师的忠告中得到好处。一旦得到了教师的尊重和理解，许多家长就已经自然而然地找到了解决之道，不用再请教教师。尽量不要向家长施加压力或者哄骗家长，要一面提出建议，一面试探和征询他们的意见，试着说出他们内心的期望和疑虑。

(二)对付屡叫不到的家长

我们是否发现，有一部分学生家长非常难请。他们的孩子在学校里遇到一些情况，教师需要和家长商讨时，家长总是会有各种各样的理由不来学校，"我在外面打工""我最近比较忙"，甚至干脆关掉手机，致使教师的工作非常被动。

如果学生打架了，需要家长来一下。当电话通知他的时候，有的家长首先会问："我的孩子没吃亏吧。"当得知自己的孩子没受伤害的时候，家长就会迟迟来到，甚至干脆不来。当得知孩子吃亏或者受伤的时候，就会在最短的时间内赶到学校。善良的教师还提醒他：路上慢一点，注意交通安全。

当被教师请到的时候，有的家长自己不来，找代理人来。这些代理人无非是家长的朋友或者亲戚。当涉及一些比较重要的问题时，比如需要把孩子领回去或者因为违纪行为而接受一些处罚时，这些代理人会提出自己代理的无效性。我们应当告诉他们："要么你就做得了主，要么你就别来。做不了主，你来干什么？"

有的时候，我们可以改变一下方式。在与家长交流的时候，我们先说一下学生取得了哪些进步，然后指出还有哪些不足需要进一步改进，这些需要改进的地方需要家长来学校和教师共同商量一下具体的办法，如此家长便会乐意来学校。一定要注意，要想让家长能够主动地与教师联系，经常找教师了解情况，关键一点是要做到经常向家长汇报学生的进步和优点，只有这样，学生的家长才乐于到学校里来，乐于同教师交流，但是你每次向家长汇报情况的时候就是抱怨和牢骚，家长不乐于听到这些，反而会对教师产生敌对心理。

（三）对付蛮不讲理的家长

（1）首先必须让他知道，教师是在帮他教育孩子。他必须同教师合作，如果不合作，这样的孩子可以不管。退一步讲，教师管他三年，你管他一辈子，弄不好下半辈子你还得靠他。退一万步讲，实在不行学校可以开除他，你能开除他吗？所以，我们有退路，你家长没有退路。

（2）要重点保留学生每一次违纪的记录。很多教师特别是班主任，有一个非常大的失误，就是当学生违反纪律的时候出现随机的管理，讲一通道理，惩罚一下，学生态度好了就算了，从来没有留下检查、违纪经过、家长态度等相关资料。要知道，出现违纪现象的学生大部分不会只是一次，有的时候会不间断地出现违纪现象。班主任的处理也是照旧，但是一旦班主任或者教师的忍耐到了极限，就会抓住一次违纪事故狠狠处理一下。学生的违纪现象是逐次进行的，但是班主任的情绪是逐渐积累下来的，积累到一定程度，情绪就会影响到对学生的处理方式，出现被很多家长认为是过度或者说对孩子有偏见的处理，给家长留下了胡搅蛮缠的借口，所以，就单次违纪现象而言，班主任的处理方式往往过于严格，因为这种现象出现很多次了。但是如果对原来的违纪情况没有记录甚至都没有通知家长的情况下，这种处理容易引起学生家长争议，产生家长和教师之间的矛盾冲突。但是，如果教师把每一次学生违纪的证据，包括违纪经过、保证书、检讨等（实现很简单，每次都让学生写出来，签上字，放在档案盒里备用）保留下来，必要的时候就拿出来，让家长自己看，教师不用多说什么，家长就会从心理上趋向于认同教师对学生的处理,促使家长与教师配合。

(3)要在开学之初,与学生家长签订关于孩子重大违纪的态度性协议,包括打架、携带管制物品、不请假外出、夜不归宿、上课玩手机等。教师或者班主任要妥善保管这些协议性的东西,至少说明家长知道并且同意学校对孩子某些违纪行为的处理方式。一旦家长认为学校处理过度,可以拿出这些证明,从而赢得家长的赞同和配合。承诺书中可明确要求家长在某些方面的协调配合,比如不让孩子带手机,旷课违纪、打架要主动将学生领回家反省并服从学校的处罚,学生入校和返校时,家长必须主动同教师联系,以便确认孩子的到校情况。不要认为这些东西没有用,关键的时候就会成为我们的救命稻草。

(4)一旦遇上蛮横不讲理的家长,要注意不要把矛盾集中在自己身上。或者找几个人一块处理,或者向领导汇报,由领导处理,都可以适当减轻自己的压力。但是注意,不要随便就把矛盾转移到领导那里。

六、重点说明的几个问题

(一)完善畅通的家校交流渠道

有条件的学校可以与家长建立交流群。任何事情都有两面性。通信技术的发展在给学校管理造成麻烦(如学生沉迷网络、上课玩手机)的同时,也在为学生管理提供了方便。比如,很多班主任与家长建立 QQ 群或者微信群,及时向家长反馈学生在学校的各种情况,促进了教师与家长的交流。比如学生返校、回家是否及时等情况,家校双方可以及时交流,避免了不必要的争议和麻烦。

(二)打架斗殴中伤害事故的处理

对于学生打架斗殴引起的伤害事故,容易引起家长双方的争议,同时当双方僵持不下的时候容易将学校牵扯进来。特别是在医疗费用等方面的处理上,班主任往往处于中间地带,左右为难。此时应明确:学校是教书育人的地方,用纪律来约束违纪行为,对于学生的违纪现象造成家长之间的争议,教师作为中间人进行协调,协调不成可以由双方通过法律途径来解决。同时,学校要有专门的组织,比如学生管理事故应急处理办公室,一旦出现这种情况,学校应及时接手,通过各种途径来处理,而不是把教师或者班主任放在那里不管。

学生出现打架斗殴行为的时候,第一发现者应该首先向哪个机构、哪个部门、哪个人汇报,必须要从制度层面做出规定,要具体到人。因为在学生管理过程中经常会出现相互踢球的情况。汇报的时候,你推给他,他推给别人(制度的作用很重要的。好的制度能够使没责任心的人变得有责任心，有责任心的人更加负责任，更加爱护我们的学生和学校。不好的制度能够使有责任心的人变得没有责任心，甚至自暴自弃、怨天尤人)。如果没有具体的规定，会出现发现打架斗殴而没人汇报的情况，这样会使情况更糟糕，后果会更严重。有的领导在一次开会的时候，批评道："有的老师明明看见学生打架了，甚至打群架了，也假装没看见，没有去制止，这些老师的责任心去哪里了？"笔者首先提出质疑：是教师们缺乏职业道德，没有责任心吗？教师们为什么会出现这种状况，原因在哪里？后来私下了解过，教师们也汇报过类似的事情，出现了各部门相互踢球的现象，部门内部也出现了踢球的现象，甚至出现了向谁回报、谁不乐意的情况。在这种情况下，谁还会及时地汇报情况呀？不是我们的教师有问题，是我们的制度出了问题。当然，关于制度的问题后面会有叙述。再转到学生打架上来，没人管就会出现连锁反应，事态会逐步地恶化、扩展，会很快形成不良风气，甚至影响到学校的生存。

学生打架造成伤害事故，除去第一时间将受伤者送往医院之外，应不应该及时通知家长？谁来通知家长？通知家长以后，谁来接待家长，特别是那些不理智的家长。只有班主任吗？是不是应该有学校的领导和安全保卫人员。还有，学生的医疗费用应该由谁首先支付。这些都需要从学校层面作出明确的规定。没有明确的规定，必然会出现特定情况下的无所适从。品德高尚、责任心强的人也会沦落成没有责任心、师德不好的人。这都是实践中遇到的实际问题。

(三)学生不请假私自外出的问题

学生不请假私自外出都是有不可告人的目的的。实际上，我们最担心的是安全问题。但是，一旦发现学生不请假私自外出，找不到人了。如何向家长汇报。特别是女生。是先去找人，还是先向家长汇报。有的教师不敢向家长汇报，因为家长会来闹事。找到了还好，找不到，就给自己惹了很多麻烦。但是最终找不到，还是要通知家长的。实际上，这个事情我们要及时发现。每天都要检查宿舍到位情况，以便于及时发现。要在学生入校之初，便向家长说明白，一旦出现类似情况，立即通知家长去找人，学校可以协助。

(四)学生参保的问题

我们要充分认识到，学生购买意外伤害保险不仅仅是为自己买的，在某种程度上是为我们教师买的。学生一旦在学校遇到意外伤害，如果有保险，我们就有回旋的余地。否则没有保险，出现了伤害事故，家长容易到学校胡搅蛮缠。

每年都会有学生以这样那样的理由不购买保险，这些学生就是日后出问题的点。所以，必须让学生购买保险，没有理由。以学校的名义，强制要求。

（五）召开家长会的问题

据调查，有相当部分学校没有形成以家长会为主的家校交流机制。有的班主任只有学生出了问题的时候才与家长联系沟通，这种沟通是被动的。有的时候，与家长交流的目的就是让家长配合学校对违纪学生的处理。这种处理往往成为教师与家长产生争议的直接原因。因此，要形成家校沟通的机制，每学期至少召开一次家长会，在很多问题上做出沟通交流，防止争议和冲突的发生，促使家长配合教师的管理。

（六）学会丑话说在前面

签订协议，丑话说在前，给自己留下回旋的余地。一般情况下，新生在入校的时候，都是由家长陪同一起来的。这是我们与家长交流思想、达成一致的很重要的机会。很多有经验的教师都要把家长留下来，单独召开一次家长会。对于一些容易引起争议的问题提前作出说明，如打架、私自外出、私藏管制刀具、玩手机、吸烟等，希望家长给予支持和配合。一旦出现这些问题，可促使家长积极配合教师对孩子的教育引导。以文件的形式让家长签上字，保留起来，以促使家长合作并且在必要的时候可防止家长胡搅蛮缠。

热点五 职校德育管理机制的研究

一、制度管理的作用分析

(一)科学管理制度的作用

制度是"规范化、定型化了的行为方式与交往关系结构",是"管束、支配、调节、统一人们行为的规则和程序"。一流的管理靠制度,科学合理的制度是解决行为无序和失范的价值体系,具有指南、导向、约束、激励、惩罚的作用,能够最大限度地激发工作主体的积极性、主动性和创造性,降低工作投入,降低内耗,促进工作成果的最大化,提高工作效率;科学合理的制度能够正确引导工作主体的工作方向,使得工作的结果最大程度上与制度的预期目标相符合,而不是出现跑偏的现象;科学合理的制度能够对工作的流程和各环节的责任主体作出科学的、明确的规定,能够有效地防止部门和人员之间的推诿和扯皮现象的发生,也能够有效地防止工作过程中制度的漏洞和擦边球现象的发生;科学合理的制度能够做到赏罚适度、分明,有效地防止工作过程中违规行为的出现,使得工作主体的工作行为更加规范、有序;科学合理的制度能够有效地促使工作主体既能够抓住工作重点,又能够做到统筹兼顾;科学合理的制度能够促使没有责任心、工作积极性不高的员工增强责任心和工作积极性。

(二)制度建设应该考虑的问题

在现实当中,我们要经常性地反省我们的管理制度,特别是要重点反省以下问题:我们的制度是否最大限度地调动了全体员工的积极性、主动性和创造性,是否在某种程度上或者在某些环节该规定的没有规定,不该规定的反而严格规定,限制了员工的积极性和主动性的发挥,甚至挫伤了员工工作的积极性和主动性,降低了工作效率;我们的制度是否误导或者偏导了员工的工作方向,员工根据现有制度进行工作得到的工作结果是不是偏离了我们的预期目标,在跑偏的情况下,员工跑得越快,效率越高,离我们的预期目标越远;我们的制度是否对各工作主体和工作的流程接口作出了明确的规定,是不是出现了部门和人员之间的相互扯皮、相互推诿的现象,从而也产生了部门和人员之间的矛盾和斗争,产生了相当程度的内耗;我们的制度是否做到了赏罚分明,是不是出现了，该奖励的没有奖励，该惩罚的没有惩罚，或者奖励与惩罚的度没有把握好，导致工作主体的工作行为出现了无序甚至混乱；我们的制度是否使我们的工作主体出现了无所适从、手忙脚乱的现象；我们的制度是否使得很多责任心强、工作积极性高的员工变得没有责任心，甚至牢骚满腹。

（三）考核制度对教职员工的激励和导向作用

第一，教师的工作跟着自身所得到的利益走。管理学上有一条重要的原则：员工只做与自身利益相关的工作，而不是领导安排的工作。无论我们承认与否，我们的教师去做哪一项工作，教师们首先要考虑到的是哪一项工作能够给他带来利益。这种利益可以表现为多种方式，经济的如加班费、课时费、班主任费、奖金等，荣誉的如各种级别的优秀、各种类型的荣誉等。如果工作项目同时出现，自身对利益的衡量直接影响着教师对工作的选择，就像下面将要提到的教师对于打乒乓球、学生彩排、学生考试的选择是一样的。

第二，利益跟着学校对教师工作的考核评价走。对于一个单位来说，从长远来看，利益的分配并不是领导说了算的，领导要对教师的工作作出考核评价，这种评价的分数就直接成为教师工作利益的获取依据。并不是哪一项考核占得比重大，教师就去做哪一项工作，而是哪一项工作能够让教师在考核评比中占有优势，或者说能够拉开差距，教师就倾向于做好哪一项工作。这种教师对工作重要性的划分不是根据我们的常识来划分的，而是根据考核分数的影响力来划分的。无论在什么学校，教学考核在教师的整体考核中都占有比较大的比例，其次是学生管理、教研、考勤、工会活动等。有的学校虽然教学考核占有相当程度的比例，但是这一项考核由于种种原因根本无法拉开差距，最高分和最低分之间连一分都差不到。这就意味着，虽然占有相当程度的比例，但是对于教师考核分数的影响，它根本起不到应有的作用。

第三，考核跟着制度走。每一所学校都有《班主任工作绩效考核制度》《教师考核制度》和相应的其他部门的工作人员考核制度。每一学期或者每一学年，学校相关部门的领导都要根据考核制度来对班主任或者任课教师的工作考核，以此来对教师的工作成就作出评判。这种评判就会成为工作主体的相关利益，如绩效工资、荣誉、奖金等的分配标准。这也是追求利益的教师们参照考核标准进行工作取舍和工作付出调整的直接原因。

第四，考核制度是由学校领导层根据学校发展的需求、教师的工作实际、考核的方便与否等因素来制定的。这种制度符合学校的实际情况和发展需求，同时符合学校教职员工的工作实际，能够最大限度地激发教职员工的工作积极性和主动性，正确引导教职员工的工作方向，而不是误导教职员工的工作方向，如此就能最大程限地促进学校的发展，所以，实现一流的管理靠制度。

二、典型案例精选

[案例 1]

某职业学校的汽修专业，于下午第三节课由班主任和任课教师组织汽车底盘的阶段性考试。下第二节课时，忽然接到教育处通知，要组织班级歌咏比赛彩排，班主任与任课教师商量以后，果断地暂停了考试任务，组织班内学生进行歌咏比赛的彩排。刚把学生集合起来，又接到工会通知，要提前进行本学期教职工乒乓球比赛，恰好这两名教师也报了名，这两名教师特别是班主任决定彩排活动停止（学校规定，必须由班主任带领学生参加彩排），学生解散、自由活动。

为什么出现了教师放弃学生的阶段性考试，后又放弃班级歌咏比赛彩排，又要参加乒乓球比赛的现象？我们暂且不讨论学校各部门之间的不协调问题，只讨论这种现象。研究人员私下调查得知原因如下：学生考试与否对教师的个人利益没有影响，也就是说是否安排考试不会影响到教师的考核成绩和与之相关的评优选模等利益，对教师而言，考也行，不考也行。但是为什么班主任要组织学生去参加歌咏比赛的彩排，因为只要参加彩排，有一半的机会进入学校各班级的歌咏比赛决赛，进入决赛无论是否拿到名次，都会在班主任的年度综合考核当中在总分上加 1 分，这 1 分也就决定着班主任能否在期末考核当中评选上优秀班主任，直接影响到班主任的荣誉，甚至职称晋升方面的利益，所以班主任果断选择了放弃考试、参加学校的歌咏比赛彩排活动。那为什么教师又放弃了歌咏比赛，因为工会掌握着教师年度考核的 2 分，只要参加了工会组织的活动，至少在总分当中拿到了 1 分，所以教师放弃了学生的彩排，而是去参加乒乓球比赛了。我们都知道，从工作的重要性上来说，学生考试是最重要的，其次是班级学生彩排，最后才是教师个人的乒乓球比赛。但是对于班主任个人来说，打乒乓球比学生彩排重要，学生歌咏比赛比学生考试重要。

[案例 2]

某学校本学期将要举行秋季运动会。某班主任开始动脑筋，依靠本班学生的整体实力，总成绩无论如何也进不到前八名，实现不了本学期期末考核总分加分的目的。要知道，只要总分进入前八名，在学期末考核中会在总分上加 2 分以上。这决定着能否被评为优秀班主任，会直接影响到班主任费甚至职称晋升等利益。还有一种办法，那就是运动会期间还有两个文明班集体的奖项，也会在期末班级考核中在总分上加 2 分。这种文明班集体的评判标准只有两项：在运动会期间秩序良好，没有违纪现象；运动会期间投送稿件的数量。第一项只要班主任盯上、靠上，都能够做到。那么就剩下第二项了。班主任在运动会前的一个月就开始发动班内的学生写稿，要求每一名学生在运动会开始前准备

200 份运动会宣传稿件。为了完成任务，甚至不惜占用大量的课堂时间，从网络上找合适的内容进行抄写。中间还出现了任课教师乐于班主任占用自己课堂时间的现象（原因也是考核）。结果，在运动会的第一天，该班就投送稿件 5000 余份；第二天又投送 5000 余份。运动会结束后，该班顺利地得到了文明班集体的奖项。班主任想尽千方百计拿精神文明奖的原因在哪里？与学生的上课相比较而言，应该是上课比写稿件要重要得多，班主任宁可浪费学生的上课时间也要让学生写稿件，原因在哪里？为什么任课教师乐于让班主任占用自己的课堂时间？这些都是我们要考虑的问题。

［案例 3］

每学期期中、期末，学校会对老师各作一次教学常规检查，主要内容就是备课、作业批改、学生课堂笔记等情况，并以写备课的次数、书写的字迹、作业批改次数、课堂笔记是否齐全认真等情况作为教师考核成绩的最重要标准。所以，教师们都热衷于写备课、批改作业、检查学生课堂笔记的情况。

但是也出现了另外一种情况，有的教师甚至拿出上课的时间、盯自习的时间，忙于写备课，对于学生的学习情况、学习效果则不太重视，只是注重课堂秩序安静就可以了。

［案例 4］

班级学生的稳定是班级考核的重要内容，包括班级内部不出现打架、斗殴、私藏管制器械、学生流失利用等。一般情况下，班主任在第一学期往往一两次学生违纪的机会，将班级内部的一部分学生开除，但是这又增加了学生的流失。后经调查发现，发生重大违纪的往往就集中在班级内部一部分学生的身上，班主任总是试图促使这部分学生早早流失掉，越早班级内部越清净，班级内部因为重大违纪扣分的概率越小。虽然班级学生的流失也是班级考核的重要扣分项，但在一定时间内的扣分比例不大，特别是生源比较好的学校，而且对于流失的惩罚也比较小，成为导致部分班主任一定时期内倾向于学生流失的重要原因。

三、制度对学生管理的影响

中职学校学生管理离不开制度。“制度”一词在《现代汉语词典》中是这样解释的：要求大家共同遵守的办事规程或行动准则。可见，制度作为一种规范人行为的方法，是一定范围内和特定时间里每个人都要遵守的。制度有三个明显的特点，即强制性、工具性和时效性，是管理学生的一种有效方法和重要手段。

制度管理是中职学校学生管理的重要手段。因此，科学合理的学生管理制度能够促进中职学生的科学管理、规范管理、高效管理，从而有效地促进学生的品德成长；反之，不科学的学生管理制度则不利于学生管理效率的提高和中职学生的品德成长。

学生管理制度的制定会影响到学生管理的效果。学生管理制度的制定要以学生为本，一切从中职学校学生管理实际出发，直接针对学生管理中存在的问题。脱离学生管理的实际情况制定的学生管理制度必然会成为无源之水、无本之木，使管理者无所适从。因此，中职学生管理制度要从学生管理中来，应用到学生管理中去。第一，管理制度的制定还要充分发挥管理主体的作用。只有真正参与学生管理的人员才能真正了解中职学生管理存在的问题，制定出的管理制度才能充分地落实下去，学生管理才能起到实效。第二，学生管理制度中目标的制定要切合实际。学生管理制度是中职学校规范学生管理活动的行为准则，必须结合学校和学生的实际和特点制定，制定制度不要贪大求全，好高骛远，不要提过高的要求，不要定不可能实现的目标。要让管理者和学生觉得通过一定的努力就能实现，站得高一点就能看得见，垫垫脚就能够得着。如果要求过高、目标过大，管理者和学生就会觉得努力了也完不成，就会丧失信心。第三，学生管理制度的制定要注重激励和约束的结合。没有激励，就不能鼓舞士气，凝聚人心，就不能激发学生服从学校管理和管理者的积极性。同样，没有约束，就没有统一的意志和统一的行动，就会是一盘散沙。只有激励机制和约束机制完美结合的制度，才是一个高效的、科学的管理制度。第四，制度要具有可操作性。不具有可操作性的学生管理制度：有的笼统空洞，遇到问题找不到相应的规定；有的语言表述模糊，出现问题办也行、不办也行；有的不切实际，给制度的执行带来了难度。制度落实难的问题，在很大程度上就是可操作性不强的问题，这样的制度必然起不到应有的作用。

学校管理制度的宣传会影响到中职学生的管理。让学生充分了解学校学生管理制度是让制度管理充分发挥作用的重要前提。由于大部分中职学生带有消极学习态度，对学校的规章制度可能不甚了解，所以尽管学校制定了严格的管理制度，但还会有不少的中职学生因为违反学校的规章制度而受到处罚。因此，作为班级直接管理者——班主任，有责任将学校的管理制度告知学生，让学生知道什么是应该做的，什么是不应该做的，引导学生自觉规范地执行。总之，职业学校管理制度的“广而告之”至关重要。

中职学生管理制度的实施也会影响到学生管理。中职学校学生管理制度的实施主体就是学生管理者和学生个人。要想使制度管理充分发挥作用，必须得到管理者一丝不苟地严格落实，得不到落实的学生管理制度会成为一纸空文，这样会严重损害学校的公信力和管理者自身的威信。同时在管理的过程中，要时刻注意发挥学校的规章制度这个敏感因子的良性作用，要保持好学生的行为规范与学生管理制度的制约性和平衡性，在规章制度的执行过程中体现人文关怀和道德情感，把规章制度的作用从消极防范和控制转向积极引导和真诚服务上来。

学生管理制度执行的监督管理也会影响到学生管理的效果。不受监督的制度不会得到有效的落实。在学生管理中，只有充分接受学生和教师监督，只有受到广泛的监督，才能够使制度落到实处，增强学生管理的公信力。公开透明就是管理，要让学生管理制度在公开透明中去贯彻落实。只有这样，才能使制度管理充分发挥作用。

有制度就应该有考核，没有考核，制度的执行就会失去标准和动力，学生管理制度也是如此。考核或者评价细则是学生管理制度的重要组成部分。学生要根据制度考核的评价细则来明确自己的行为是否得到管理者的认可。同时，也成为校级管理者来评价基层学生管理人员工作的标准和指导或引导学生管理者工作的方向的依据。

四、教师考核机制对任课教师学生管理的影响

教学管理是中职学校学生管理的重要渠道和重要方式。教学的过程就是对学生进行管理的过程。教师作为中职学校教学管理的主体，在教学中直接面对学生参与学生管理，在中职学校学生管理中起着不可忽视的作用。为此，笔者曾经对部分中职学校教师考核机制做过深入的调查研究，发现中职学校教师考核制度也会直接影响到教师这一学生管理主体对学生管理的作用。

教师考核是教学管理的重要内容，也是加强师资队伍建设的手段之一。考核机制对教师工作行为具有导向性，指引着教师的工作方向、调节着教师的工作热情。因为考核分数的高低直接决定了教师能否拥有评优、晋升、培训、聘任的资格和机会。

中职学校办学的核心目标是提高办学质量，培养高素质的技能型人才。实现这一目标的工作主体是教师。但是，考核是教师工作的导向，也是调动教师工作积极性的重要手段之一。学校考核什么，教师做什么，考核到什么程度，教师尽可能地做到什么程度。构建科学的教师考核机制，教师在围绕考核努力工作、提高考核分数的同时，也将提高教学质量，实现学校培养高素质技能型人才的目的。

(一)教师考核机制的主要内容

中等职业学校教师考核主要以综合考核为主，内容一般涉及教学、评教、考勤、办公秩序、招生、学生稳定、工会活动、领导评议等多项内容。

教学常规考核由教务和教研部门考评，内容主要涉及学生评教、听课、备课、笔记、考试、课堂秩序检查、教科研获奖等内容。

工作计划、工作总结、办公秩序、考勤、会议等主要由行政办公室考评。

招生、学生稳定主要由招生部门考评。

工会活动主要由工会考评。

领导评议主要由校委会领导评定。

最后由行政办公室将各结果按一定比例汇总，形成教师一个学期的最终考核分数，以最终综合得分作为教师评优选模、职称评定、聘任、培训的主要依据。

(二)教师考核机制存在的主要问题

通过调查某些中等职业学校的教师考核机制，发现其考核机制存在诸多的问题。

1.教学常规检查的泛化

教学常规检查不仅无法给教师工作一个合理的评价分数，激发其工作积极性，而且还会出现工作导向偏离工作目的的现象。由于缺乏可比性和科学的评价依据，教学常规检查无法给教师工作一个合理的评价，谈不上以此对教学行为进行有效的合理调控，也谈不上促进教师对教学的调整。教学常规检查只能验证教师是否完成了足量甚至超量的备课、作业、笔记、听课等内容。但没有一个具体的标准来判定备课质量高低，只能看步骤是否齐全、书写是否认真，因此很难对教师的备课划定一个合理的分数。对于学生的作业、课堂笔记检查，只能查出某一科教师是否让学生完成了足量的作业、记录了详细的笔记等，也没有标准指导检查者给出一个合理的分数。对于教师以听课为主的学习交流，只能检查其完成情况，而无法给出具体分数。以上三项内容只能凭印象给出相差无几的分数，有些学校甚至不敢公开考评结果，否则会引来争议，无法解释。过于强调教学常规检查还会出现导向性错误。为了争取考核高分，教师整日忙于上述东西的整理，无暇顾及课堂教学质量的提高，出现手段不利于目的实现的导向性错误。

2.过分强调考核的统一性

考核结果决定评优，考核分数按照从高到低排序，没有考虑到不同专业的差别，将没有可比性的科类一同比较，出现了根本没有可比性的专业却存在考核分数上的差别。考试成绩在教师考核中占有相当比重，考试结果将直接影响教师考核分数。中职学校考试的试题基本由本校同科类的教师编写。适度的试题难度能够有效地检测出教学质量和教学水平的高低，也能够有效地指导教师调整教学，提高教学水平。但为了提高考核成绩，教师会千方百计地降低试题难度，提高及格率和优秀率，一旦出现个别教师所出题目偏难，则会导致同科教师考核分数偏低，直接影响到教师考核，而出题者则会成为众多同科教师攻击的对象。如此，将本属于竞争对手的同科教师变成了一条战线上的朋友，缺乏了有可比性的公平竞争的氛围，更谈不上教学质量的提高了。

3.学生评教的局限性

学生评教有一定的公平性、科学性，但其公平性的发挥受到学生是非分辨能力的影响。因此，学生评教成绩极易受师生关系和教师上课的语言技巧的影响。部分教学风格严肃、认真的教师出现了评教比较差的现象，影响其工作积极性的发挥。

4.领导评议分数备受争议

每年考核都会出现，与教学相关的考核分数相差无几，但领导评议在相当程度上拉开了差距，成为了是否优秀的决定性因素，其结果就是评优、晋升、培训、聘任，由领导说了算。

5.过于强调综合的评比分数

容易难分主次、混淆重点，导致教师什么都要抓，什么都参与，看似综合全面，实则不知轻重。

（三）教师考核机制调整的对策

调整中职学校考核制度，建立重点明确、客观性强、公平公正、有可比性、能够正确引导教师工作方向和有效调动教师工作积极性的考核制度。具体的实施办法如下：

1.降低常规检查在考核中的比重

过分强调备课、作业、听课、笔记等教学过程性考核，会出现教师为了取得考核高分，忙于考核资料的整理、书写，忙于督促学生书写、整理笔记、作业。当检查时，这些东西整、全、齐，甚至出现了造假的现象，教师无心顾及课堂教学质量。如此检查，出现了手段与目的违背的导向性错误，一定程度上束缚了教师教学的自主权、灵活性，也挫伤了教师工作的积极性。更何况以上考核项目没有一个具体的可供判定的标准，考核部门难以操作，致使得分相差无几，起不到评比所应当具有的效果。但是，以上常规检查为主的过程性考核不应取消，教研部门应通过检查为教师提供教学的指导性建议，以便于教师改进教学。

2.建立以直接体现学生知识、技能掌握程度的考试成绩为主的考核制度

要明确每一级、每一学期、每一专业具体的教学内容和测验标准，以优秀率和及格率作为参考依据。无论是文化课还是专业课，要使考试成绩的提高直接体现为学生知识技能水平的提高。教务人员只要根据教学目的和教学内容把握好考试这一环节，保证考试的公平性，便能有效控制整个教学，你考什么他就教什么，你考到什么程度他就教到什么程度。任课教师围绕考试，改进发挥能动性，努力工作、改进教学、提高学生考试成绩的结果就是提高了学生对知识技能的掌握程度。值得一提的是，这绝对不是应试教育，而是正确运用考试这一

手段来激发教师工作的积极性。

3.教师的考核评比要具有可比性

现行的教师考核评比，以综合分数作为依据，忽视了不同专业之间的差别，殊不知不同专业根本没有可比性。应尽可能地将同科、同进度的教师作为相互比较的对象，而不是全体教师的综合分数从高到低排序，要使同科、同进度的教师成为竞争的对手，同科、同进度教学内容要由不同的教师任教（至少两名教师），以便于比较优劣。教学考核统计每学期分为两次，期中、期末各一次。

4.课堂教学秩序检查必须成为重要的考核依据之一

要将这一检查结果按一定比例放入总的考核中。经常对课堂秩序混乱的教师与班级进行通报，列入考核，对临时完善教学秩序来说会立即见效。

5.要充分、合理地发挥学生对教师教学的评价作用

学生作为教学的直接客体，直接与任课教师交往，必然对任课教师有一定的合理评价。但关键是要使学生明白：什么样的课是好课，什么的老师是好老师。从而有效发挥学生评教的作用，促使教师调整教学、改善教学效果。

6.教师考核就是教学考核

不要把太多的与教学无关的考核算入任课教师的考核中。其他考核由主管部门单独评定，单独奖罚即可，不要列入任课教师考核中，以免过于综合、重点不分明。

教师考核机制的科学性直接影响到教师工作方向的选择和工作积极性的激发。中等职业学校只有科学构建学校教师的考核机制，制定出科学合理的考核制度，才能真正有利于正确选择工作方向，最大限度地激发教师的工作积极性，才能真正有效地提高办学质量，实现办学目的。

教师是学生管理的主体，要想充分调动教师教学和学生管理的积极性和主动性，必须充分考虑到，对制度执行后的与利益相联系的考核会直接影响到这种制度是否能最大限度地调动教师的工作积极性，还要充分考虑到，教师按照制度去努力工作的结果是否正好符合学校的教育教学管理的初衷，是否跑偏了。

实际上，上面的论述就解答了下面案例中出现的问题。笔者曾经问过一所职业学校的领导，我们的教师在课堂上声嘶力竭地讲一节课和在课堂上背着手转一节课，对于教师的评优选模和工资的发放有影响吗？这名领导考虑了一节课后说，影响不大。实际上，根本没有影响。这也是导致领导抱怨有些教师上课不讲课、只在教室里坐着的原因。在这所学校的教师考核制度当中，只是考核备课、作业、学生笔记等内容，这些东西都是可以造假的，并且没有评价标准。至于学生学到多少东西、课堂效率的高低，则不会影响到教师，教师只要注意自己的课堂秩序就可以了，因为一旦出现课堂混乱、空堂的现象，被检查到便会视

为教学事故，成为扣分项，直接影响教师的考核分数和利益。所以，教师注重维持课堂秩序，至于通过管理促进学生学习，就无关紧要了。这样就完全背离了学校人才培养的初衷。所有的任课教师都知道，教学管理考核当中教学考核注重过程考核，考核结果也拉不开差距。虽然比例比较大但是差距小，影响不到评优选模等切身利益。但是那些看似比例非常小的考核，如工会活动、坐班检查、班级集体活动等，能够直接影响到教师的切身利益，所以教师们会更加重视这些事情，误导了工作方向和工作重点。

五、班级考核机制对班主任学生管理的影响

班级考核是中职学校教育、教学管理的重要内容，也是促进班主任队伍健康成长、实现中职学校办学目标的重要手段之一。班级考核机制要能够正确调控班主任的工作方向、激发班主任的工作热情。对于绝大多数班主任而言，其工作的直接目的不是为了有效提高班级管理质量，而是完成学校规定的各项班级考核任务，以争取班级考核的高分，获取与班级考核相关的利益，因为班级考核的高低直接决定了班主任津贴的发放和班主任聘任、评优、晋升的资格和机会。

中职学校办学的最终目的是提高办学质量，培养社会需要的高素质技能型人才。班主任是实现这一目的的重要工作主体。班级考核是学校班级管理的重要手段，也是指挥班主任工作行为的一面旗帜，能够引导班主任的工作方向，调节班主任的工作积极性。学校对班级管理考核什么，班主任就围绕考核内容去做什么，考核到什么程度，班主任就尽可能地做到什么程度。在既定利益的引导下，班主任围绕考核内容实施班级管理的直接目标就是提高了自己班级的考核分数。如果中职学校班级考核机制建构科学，班主任围绕班级考核内容努力工作，在提高考核分数的同时也直接提高了学校教育管理的质量，实现了学校的办学目的，从而达到了目标与手段的统一。

(一)班级考核机制的主要内容

中等职业学校班级考核的内容主要有两方面：教育管理考核和教学管理考核，涉及纪律、两操、两休、以内务检查为主的宿舍管理、卫生、文艺活动、班级文化、班级学生稳定、重大违纪、教务检查、学校组织的重大班级活动、宣传、班级管理事故等多项内容，各项考核分别占一定的比例，以最终综合得分作为班主任管理工作评定的依据，也成为班主任聘任、培训、评优选模甚至职称评定的主要依据。以上管理主要由教育管理部门负责人员领导学生会部门成员根据一日常规检查来评定。一般每天公布一次检查结果，定期汇总。学期末形成班级每一学期的最终班级考核分数，成为班主任一学期内班级工作的最终评价。

(二)班级考核机制存在的主要问题

1.班级考核机制的导向性错误

从目标与方法的关系看,采取的方法应该是有利于最终目标的实现,采取某些方法所产生的结果要尽可能地与目标相符合,至少不能偏离目标,否则会影响最终目的的实现。中职学校办学目标是培养社会需要的高素质技能型人才。班级管理是实现这一目标的重要手段之一。笔者认为,目前的一些中职学校运用班级考核机制指挥班主任去管理班级,在一定程度上偏离了甚至直接影响了中职学校办学目标的实现。在现行班级考核机制的指挥下,班主任所有工作行为就是为了使班级获得考核高分,于是围绕班级纪律、两操、考勤、以内务检查为主的宿舍管理、卫生、文艺活动、班级文化、班级学生稳定、教务检查、学校组织的以教育为主的重大班级活动、宣传等多项内容开展工作。班主任的直接工作目标就是采取各种措施维护班级纪律,整顿两操,整理内务,打扫卫生,应付教务检查,搞好班级文化,全力组织学校的以教育管理为主的班级活动,搞好班级宣传活动等。从表面上看,这些工作使中职素质教育遍地开花,这无可非议,但是为了上述工作的开展,班主任倾尽全力,甚至不惜牺牲正常课堂的时间去争取这些工作的高分。学校教育管理工作最主要的途径是教学活动的有效开展,通过教学达到学生素质、技能的成长,离开教学,任何教育活动最终将成为空中楼阁。在中职班级考核的相当部分内容中,“重管理、轻教学”的现象非常严重,现实中班级管理的活动已经严重影响到了班级教学活动的开展。例如,班主任为了内务检查、学校组织的班级活动、班级文艺活动、班级卫生等与班级考核相关的内容,可以随意占用学生课堂时间,给学生造成了学习活动不重要而学校教育管理重要的假象,一定程度上误解了学校教育教学管理的初衷,影响了教学这一教育主渠道作用的发挥,最终也在一定程度上影响了中职学校教育目标的实现。

2.考核主体存在的问题

班级考核主体是执行班级考核内容、划定班级考核成绩的执行者。目前,相当部分中职学校班级考核主体由两部分组成:教育处组成人员和这些组成人员领导的学生会成员。以考核检查为主要的教育处组成人员一般情况下都担任班主任,用担任班主任的人员担任班级考核成员去执行与班主任利益直接挂钩的班级考核,其公平性必然会受到质疑。另外,学生会是考核检查的具体执行者,成为教育考核管理人员遥控指挥的重要载体,既节省了教育考核管理人员的劳动量,又成为引起班级考核公平争议时的、可以转移责任的载体。学生会成员具有双重身份,既隶属于教育处的管理人员,又是集体的学生,必然对班级考核产生影响。为了获得班级考核高分,各班主任会千方百计地将本班学生推荐进学生会，成为班级获取考核高分的重要手段。同时，中职学生本身的能力也影响到班级考核的公平性。目前，中职学校学生相当部分自身约束能力较差，不具备执行检查任务的能力。笔者认为，目前在中职学校用学生来担当学生的管理和班级检查的主体是靠不住的。实践也证明不仅靠不住，而且还会引来很多不必要的学生事故，甚至恶性事故。

3.考核标准的泛化问题

由于职业学校的性质，中职学校班级特点差异较大。比如，由于专业不同，有的专业全部或者绝大部分由女生组成，有的专业绝大部分由男生组成。男生班级和女生班级在管理难度和管理侧重点上存在较大差异。同时由于专业和招生的问题，很多班级人数存在较大差异，人数少的可以低于 20 人，多的则有四五十人以上，其班级管理特点和难度的差异可见一斑。将班级的差异抛开，采取整齐划一的班级考核方式来划定班级考核成绩，这种泛泛的评比必然存在公平性的质疑和部分班主任工作积极性的挫伤。

4.现行的班级考核机制不利于学校给学生创造一个适度宽松的学习生活环境

适度宽松的学习环境是中职学生成长所必需的外在条件，也是中职学校建设的重要内容之一。目前，中职学校所招到的学生绝大部分对学习不感兴趣且纪律性不强，相当部分是在被逼无奈的情况下才选择了职业学校。适度宽松的生活、学习环境是保证学生稳定和培养其学习兴趣的重要条件。在目前的考核机制下，班主任将目光紧盯在与班级考核相关的内容上，工作重点过分放在宿舍内务整理、两操的整齐与否、卫生打扫是否彻底、重要班级活动的开展等内容的检查上，学生相当部分时间，甚至牺牲课堂、吃饭、两休的时间用于此类活动的开展，不仅不利于学校给学生创造一个适度宽松的学习生活环境，而且还在一定程度上影响了学生稳定工作的成效。当然，笔者并不否认以上工作对学生成长所具有的重要意义，而是认为在如此考核机制下，必然不能适度把握，会出现过犹不及的后果。

5.班主任津贴发放差距问题

收入差距是引起员工心理失衡、调节其工作积极性的重要因素。适度的差距能够最大限度地激发员工的工作热情，过大或过小的收入差距都不利于员工工作积极性的激发。在现行的班级考核机制和班主任津贴总量相对较低的情况下，相当部分学校存在班主任津贴差距过大或过小的问题，两者同样不利于班主任工作积极性的激发。差距过大不仅会加剧现有考核机制下的不公平竞争，而且还会严重挫伤在班级考核中处于劣势的班主任的积极性，使其通过工作的松懈来维持其心理的平衡；差距过小则不能有效地激发具有高效工作潜能的班主任的工作积极性。

通过调查发现，目前中职学校班级考核机制普遍存在以上问题，并且没有引起领导层的高度重视。

（三）解决以上问题的主要对策

改革中职学校班级考核制度，建立重点明确、客观性强、公平公正、有可比性、能够正确引导班主任工作方向和有效调动班主任工作积极性的班级考核制度。

1.适时调整教育管理

调整教学管理考核在班级考核中的比重，以正确引导班主任工作方向。

教育管理和教学管理是职业学校培养高素质技能型人才、实现办学目标的重要手段。二者作用的充分发挥必须做到统筹兼顾、协同发挥，又必须重点明确，才能最终有利于中职学校办学目标的实现。在学生进入中职学校初期的一段时间内（以半学期为宜，最多不要超过一学期），班级考核要以教育管理考核为主、教学管理考核为辅的考核制度，以引导班主任在这一段时期内将工作重点放在学生的教育管理上，以利于学生逐步适应学校生活环境，为以后以学习为主的学校生活奠定基础。一旦学生适应了学校生活，就要适时调整班级考核重点，建立以班级教学管理考核为主、班级教育管理考核为辅的班级考核制度，使班主任的工作重点适时调整到班级学生的技能学习上。也可以在一学期内的适当时期内调整，每学期内第一个月以教育管理班级考核为主、教学班级考核为辅，一旦学生适应了学校生活环境，可以在本学期内的其他时间适用以教学考核为主、班级教育管理考核为辅的考核制度。如此通过考核重点的变动来引导班主任适时调整工作重心，以最终有利于中职学校办学目标的实现。

2.适当调整班级考核主体

建立以负责教育管理、教学管理的学校领导和非班主任管理人员为主的考核主体，适当增加普通任课教师在班级考核成员中的比例，减少甚至取消学生在班级考核中的主体地位。

班级考核主要分为教育管理和教学管理两部分，所以负责教育管理和教学管理的学校领导必须直接参与班级考核。同时为保证班级考核的公平性，担任班主任的教育管理和教学管理的人员必须退出班级考核队伍，适当增加非班主任管理人员在班级考核组织中的比例。任课教师是直接与学生深入接触的主体，对班级情况具有最深入的了解，因此，应适当增加普通任课教师在班级考核组织中的比例。由于中职学校学生不具备管理考核能力和学生隶属于每个班级特点，建议减少甚至取消学生在班级考核中的主体地位。

3.考核标准要与具体的考核对象相适应

无视考核对象的具体特点，将根本没有可比性的考核对象一起考核就会失去班级考核所应有的意义，最终会挫伤在竞争中因客观原因处于劣势的班主任的工作积极性。中等职业学校由于专业特点的影响，班级之间差距较大。不同的专业班级学生人数、性别组成、学习基础等差别较大。普遍性的考核标准不能适应不同专业、班级之间的具体情况。同时，普遍性的考核标准必然存在大范围的竞争，不利于最大限度地激发竞争积极性，特别是班级过多的学校，让竞争主体看不到希望和具体的竞争对手，影响积极性的发挥，而小范围的、具有可比性的公平竞争则使班级管理主体看到具体的竞争对手和目标，有利于最大限度地激发班主任工作的积极性。因此，在考核标准的制定和执行上，要充分考虑班级管理竞争范围的适度和班级之间的差异引起的非公平性竞争，从而有利于最大限度地调动班主任工作的积极性。

4.考核标准的制定与执行

要有利于为学生学习、成长创造一个积极、适度宽松的学习、生活环境。

适度宽松的学习环境是中职学生成长所必需的外在条件，也是中职学校建设的重要内容之一。在当前中职学校招生困难和生源整体素质不高的情况下，维持在校生稳定并防止流失成为中职学校的重要任务。适度宽松的学习、生活环境也是保证中职学生稳定和健康成长的重要外在条件。在目前的考核机制下，班主任将目光紧盯在与班级考核相关的内容上，学生相当部分时间，甚至牺牲课堂、吃饭、两休的时间用于考核内容，如此不仅不利于创造一个适度宽松的学习、生活环境，而且还在一定程度上影响了学生稳定工作的成效。

5.制定合理的班主任津贴差异标准

合理的班主任津贴差异标准能有效地调动班主任工作的积极性。

收入差距过小不足以调动班级工作主体的工作积极性，起不到考核评比应具有的作用；收入差距过大则会严重挫伤在班级考核中处于劣势的班主任的积极性，使其通过工作的松懈来维持其心理的平衡，也达不到考核所应当起到的作用。因此，要保证班主任津贴差异既不能过大也不能过小，要保持一个合理的比例。笔者认为，目前中职学校班主任津贴的最大差距应以平均班主任津贴的20％～30％为宜。如此才能充分调动班主任教学生管理的积极性和主动性。

热点六　学生在校使用手机的问题

任何事物都具有两面性。对于教育而言，通信技术的发展也是一把双刃剑，特别是对于学生管理而言，笔者相信一线教师都深有体会。通过手机，我们建立了班级内部的QQ群，建立了微信群，方便了与家长和学生的联系、交流，这就是对学生管理工作的好处之一。随着课堂教学形式的变革，微课、翻转课堂以及其他教学辅助手段的运用借助手机，手机俨然成为了辅助教育教学的一种重要手段。

但是，手机在给教育教学带来方便的同时，也给我们的学生管理工作造成了非常大的困难和危害。

第一，手机的使用严重影响到了课堂秩序。对于这一点，身处教学一线的任课教师深有体会，有的甚至言辞激烈、深恶痛绝。手机进入课堂之后，正常的教学秩序受到了严重的影响。上课玩游戏、接听电话、聊天、看电影等经常出现，每学期都会发生大量的因为学生上课玩手机而与任课教师发生冲突的事件。一位专家这样说："教师上课时禁止学生玩手机不就行了吗？解决这种问题太简单了。"有的教师当面质问这位专家："你最近几年在职业学校上过课吗？"专家回答："没有。"教师便说："正因为你最近几年没有在职业学校上过课，所以你不可能体会到这件事有多难。"学生要是愿意、主动、自觉地把手机交给教师，这件事情就不是焦点和难点了。上课禁止学生玩手机，你控制得住吗？别说是处于青春期、自制力比较差的中职学生，就是成年人或者教师能控制得住自己吗？每次学校召开教师会议的时候，校领导一再强调关闭手机，可收效甚微。成年人都难以做到，更何况是处于青春期的学生。大家是否见过，一些学生看似在认真地读书，但问其书上的内容却一问三不知。后来才发现书本的内部已经被挖出了一个与手机外形完全相同的空间，学生看似是在读书，实际上是在聊天、玩游戏、看电影。为了躲避教师的检查，学生们想尽办法把手机藏起来，把手机藏在宿舍内的床板下面、鞋子里、被褥里、衣橱里，甚至藏在教室的暖气片缝隙里、垃圾桶里。某次起床铃后，笔者到学生宿舍检查，发现一床位上没人，一番询问和寻找后在床底下找到了正在酣睡的学生。原来该生为了玩手机，而又不想被查到，便躲在床底下玩手机，玩累了直接在床底下睡了一宿。笔者感慨：如果学习有如此努力，那该多好！有人说，让学生把手机交上来。如果他们愿意交上来，还需要教师这样做吗？我们在平时的学生管理中发现，有的学生有多个手机,一个是来到学校交给班主任的,一个是用于教师和管理人员没收的,还有至少一个是自己用的。在他们眼中,网络比课堂更具有吸引力,这也就解释了为什么会出现大量的学生逃课外出上网了。接着就有人说了,我们提升一下自己的课堂教学水平,把学生吸引过来不就行了嘛?笔者的回答是:说得轻巧,您能做得到吗?因为要做到这一点的要求太高了。而且能够做到这一点的人,可能会到更合适的地方去发展自身了。知识和技能的学习、训练、掌握,需要学生付出努力和劳动,需要他们的努力。但网络上的东西,则有相当部分迎合了学生的需求,甚至是低级的需求,而且不需要做出努力就能够得到,这自然比课堂更有吸引力。某校的学生在上课时玩手机,教师发现后坚决制止,发生遂发生师生互殴事件。因家长的无理取闹,学校最终要求教师道歉,以息事宁人。但这种处理带了另一种恶果:从此以后,该学校的学生上课玩手机成风,没有教师再去管理。可以想象一下,这样的学校,还有什么课堂教学可言。

第二,手机的使用严重影响到了学生的休息质量,直接导致学生在课堂上睡觉。良好的午休和晚休质量是保证学生课堂学习质量的重要条件。没有充足的休息,就谈不上学习效率。在教学巡视的过程中,我们是不是发现有相当部分的学生在课堂睡大觉,甚至一个班中会趴下一大片。教师的授课情绪也受到极大的影响。仅仅是因为我们的课堂教学不够精彩,引不起学生的兴趣吗?某些领导在教学巡视的时,直接对任课教师的责任心和课堂教学质量提出质疑,认为是责任心不强、教学没有吸引力,导致课堂上出现大量的睡觉现象。仅仅是教师不负责,对睡觉的学生不管不问吗?是教师的教学水平有问题吗?其实,不仅仅是这样,重要的一个原因就是学生没有休息好,睡眠严重不足。经过调查发现,有相当一部分学生甚至整个班的学生,晚休的时候在宿舍里上网、聊天、玩游戏、看电影,甚至彻夜未眠。

第三,手机的使用为学生的违纪行为提供了便利,给管理工作造成了新的难度。手机的使用,为学生谈恋爱、打架、形成不良团伙、对抗检查提供了极大的便利,给学生管理造成了极大的困难。十年之前,教师要想查一查学生是否带有违禁物品、是否有一些私下的违纪行为比较容易,进行几次突击检查,效果就很好。但是现在,我们是否发现,有很多根本查不出来,学生的违纪越来越隐蔽。偶尔查出一个来,学生在微信群、QQ 群里立即相互通知,做出各种准备以应对教师和检查人员的检查。手机的使用极大地方便了学生间的沟通,有相当部分早恋、打架、团伙形成都是借助于手机。而且,手机的使用对于教师想采用一些管理措施来分化瓦解一些学生小团伙造成了极大的困难。同时,有些无法无天的学生一旦与自己的同学发生冲突,会在非常短的时间内纠集社会上的一批人,在非常短的时间内赶到学校,使得保卫人员和管理人员措手不及,如若防范不及时就很容易造成恶性事故。这一点对于一线的管理人员特别是班主任来说非常痛苦，而且学生在这一方面的表现比教师要“聪明得多”。

手机严重腐蚀学生的精神世界，造成了学生思想和精神的滑坡，甚至严重堕落。可以毫不夸张地说，有的学生的手机就是一个黄色录像厅，内存卡里存满了充满暴力的、色情的视频，并且在学生中间里很快泛滥。对于网络中的这些色情、暴力、凶杀等内容，学生相当感兴趣。这些内容无形中教会了学生如何运用色情、暴力的手段，严重腐蚀学生的精神世界，使他们的思想和行为越来越堕落，包括相当多的女生，原来很多不能够说出口的话，在学生嘴里经常出现甚至成为习惯，很多不堪入目的行为、不堪入耳的语言逐渐在校园成为一种“风气”。

第四，手机的泛滥导致学生钱财的浪费、攀比心理的滋长，甚至引起学生之间在经济上的纠纷，进而引发学生事故和冲突，给管理工作造成了非常大的麻烦。有的家长直接找到学校质问班主任：“我的孩子在学校里花钱太多，学校存在滥收费现象。”实际上，学校的收费要求非常严格。只不过是学生编造了各种理由向家长要钱罢了。事后查明，这名学生每月的手机通话费、流量费等各项费用就超过了 500 元。对于来自农村家庭的学生而言，这项开支是难以承受的。后经过一段时间的调查发现，学生每月的开支有相当部分甚至大部分都用在了手机上，甚至出现了学生勤俭节约、省吃俭用也要攒手机费的现象。同时，学生之间存在攀比现象，所使用的手机越来越高档，甚至出现了学生申请贫困补助来购买手机的现象。因为手机的使用，导致的学生之间的经济纠纷、各种矛盾甚至冲突也经常发生。

以上是仅仅列举了几项手机对学生的危害，实际上还不止于此，不再一一列举。

其实，手机在方便教学与学生管理上并不冲突。很多学者、专家特别是教学方面的学者、研究人员谈到教学信息化的问题时，试图通过手机这一便捷信息传递工具来改变我们的教学。这一观点本身没有错误，想法也是很好的，也可能给教学带来翻天覆地的变化。但是在实际教学中，有多少学校的教师在使用手机教学？恐怕比例非常小，至少笔者看到的不多。当然，我们不否认这是一种趋势、一种先进的手段。相信我们会找到一种趋利避害的方式既能充分发挥手机等信息化设备给教育和学生管理带来的便利，也能有效避免其所产生的危害。

执行手机“封杀”与教学需要并不冲突。有的班级的学生返校时全部上交自己的手机，由班主任保管，一旦上课时需要使用手机，任课教师告知班主任，发放手机以用于教学。上课完毕后立即上交，由班主任继续保管。但是，目前来看这样也是弊远大于利，所以，最好的方式还是严格禁止，将手机在学生中的使用降到最低限度（课堂教学的实际需求除外）。

其实，也有些成功的做法可供借鉴。

第一，得到家长的支持，特别是书面的承诺。在学生入校报道的时候，学生与家长要签订书面的承诺，其中有一项就是保证学生不能将手机带入学校，一旦发现由家长领回学生，按自动退学处理，由家长签字、按手印。当然，这项规定经过教师的解释得到了绝大部分家长的同意和支持。也有部分家长持反对态度，笔者认为可以不接收这些学生，因为这是学校的规定，即使勉强接收下这写学生，他们很可能成为学校和班主任管理的难题。当然，要想做到这一点必须是在学校办学质量非常高、生源条件非常好的前提下执行。对于那些正处于生存边缘挣扎的职业学校来说，很难做到这一点，在招生困难的前提下，能招到学生就已经不容易了。实践证明，想长远发展的话，需要宁缺毋滥。另外，在每次学生放假回家的时候，学校都可印发大休须知，由家长签字后学生带回，并交给班主任。每次都告诫学生家长不要让孩子带手机进学校，可起到一定的成效。

第二，要与家长建立畅通的联系渠道，保证一定的联系密度。如建立微信群或者 QQ 群等，每次学生返校时，班主任都要在群里核实学生是否从家里带来手机。若带来，班主任要求学生立即上交，代为保管。只有教师和家长有效、及时的沟通，才能做到心中有数、相互配合。因为家长与教师的有效合作是做好学生管理工作的前提条件。当然有的教师会说，有的家长不认同学校禁止使用手机的做法。笔者也碰见过，但相信只要教师给学生家长解释清楚，会得到家长的支持与配合的。

第三，得到领导的全力支持和教师的全力配合。对于禁止学生校内使用手机，需要得到学校领导的全力支持，没有学校领导的支持，这项制度推行不下去。在推行过程中，我们会遇到相当多的困难，有来自家长的阻力，也有来自社会舆论的攻击，如果没有学校领导的支持，是难以坚持下来的。同时，规定的落实必须由教师去落实。所以说，要鼓励教师不折不扣地贯彻落实下去。其实在这一点上，教师是非常支持学校的这一规定的，因为教师也是此事件的受害者之一。只要有手机，就会引发学生与教师的冲突，导致无法授课等。此项制度在有的学校之所以落实不下去，很重要的原因在于领导不管、教师存在没有必要给自己惹麻烦的心理。

第四，氛围的营造至关重要。从学校领导到班主任乃至普通教师，从老学生到新学生，从家长到学校等，都要形成一种对带手机入学校“人人喊打”的氛围。要通过家长会、班会、学校纪律教育大会、签订承诺书等形式让所有的学生从思想上重视起来，至少先形成学生不敢在公共场合使用手机的氛围。氛围一旦形成，随后的工作便好开展了。

第五，实行突击检查，并保证一定频率，同时公开处分违规人员。要想保证这一规定不折不扣地执行下去，必须对敢于在学校公开使用手机的学生进行处理。对此要保持高压态势，并且每星期或者两星期组织一次全校范围内的学生带手机情况的突击检查，一旦发现立即没收，由班主任通知家长将学生领回家反省，等待学校处理。一般情况下的处理结果是，给予相应的留校察看纪律处分并且在全校通报批评，由家长、学生再次签订承诺书，如果再违反便自动退学，同时缴纳保证金若干。如果不再出现类似违纪情况，一年后由家长凭缴费单据领回(实际上保证金在缴纳后即全部退回，只是给学生一个警示作用)。

第六，落实的关键在于班主任。这项制度重要的执行主体是班主任，只要班主任重视起来并且不折不扣地执行下去，效果就会非常好。学校在班级考核中有相当严格的规定，只要发现本班学生带手机一人次，在本班班级考核中扣除 5 分，除去班主任费受到严重影响之外，基本上本学期评为优秀班主任的资格就没有了，这会间接影响到相关教师的职称晋升。同时，对于没有出现类似情况的班主任，则在班主任费发放、考核加分方面给予重奖，也直接影响到班主任的职称晋升、奖金等相关利益。有的则实行一票否决制，一旦发现将取消本月班主任费，同时取消本学期内的评优资格。如此严格的奖惩制度，极大程度地促进和激发了班主任解决这一问题的积极性和主动性。但是也带来了一定的负效应，类似于“法律太严则执法者疏，法律太宽则犯法者众”。限于人情关系，对于执行这一制度检查如果太严格，没有人愿意做中间的执法者。或者说突击检查的时候，出现了睁一只眼、闭一只眼的现象。一票否决或者扣除本月班主任费后，班主任不再严格执行本规定，甚至干脆不执行。以上都违背了制定这项规定的初衷。所以，还需要在从奖惩制度上加以调整和完善。

第七，教师的榜样和示范作用至关重要。教师在做，学生在看，教师的一举一动都会成为学生学习模仿的对象。在禁止学生用手机的时候，是不是我们的教师在上课期间随意接打电话，是不是在学生面前特别是上课期间随意收发信息，是不是你的手机也有禁止学生看的东西，是不是你在学校里也用手机聊天、玩游戏、看电影？管好学生的前提条件是管好自己。“其身正，不令而行；其身不正，虽令不从。”这就是榜样，上行下效。学生会自觉不自觉地仿效教师的行为。我们有的时候是不是听到学生对教师的质疑：他还管我们呢？他不是也经常用手机玩游戏、聊天。校长是不是也需要把他的手机没收。所以，必须严格禁止任课教师在上课期间带手机，并应该纳入教学常规管理。对于违反规定的教师，应该做出相应处分。在要求教师这样做时，学校领导必须首先发挥带头作用。

第八，学校要配备公用电话等相应的便捷通信设施。学生带手机的一个重要理由就是方便与家长或者朋友联系，这应该是一个站得住的理由。为了解决这一问题，学校需要在相关区域内配备公用电话等，或班主任配备本班学生的专用手机，方便学生与家长的联系。

第九，防止遇到阻力而主动退缩，一旦反弹将不可收拾，因此要步步紧逼，义无反顾地坚持下去。有很多学校曾经也采取过类似的做法，总是因为各种所谓的原因和阻力，最终没有严格执行下去，出现对于手机放任的状态，给学校的管理造成了很多意想不到的困难。有的学校领导询问：你们学校能够禁止学生用手机，做得真是不错，在我们那里简直是不可能的事情，你们不怕学生打市长热线吗？笔者笑而不答。实际上为什么不能够推行下去，就是因为学校没有形成共识，没有拧成一股绳，没有决心。难道因为怕学生打市长热线或者家长来闹事我们就改变原则吗？更何况，我们问心无愧。

要严格执行手机封杀令虽然遇到了很多阻力，遭到了各方面的质疑，但是我们还是得到了各界特别是大部分学生家长和教育主管部门的支持与配合，这也是能够严格执行下去的基础与动力。有的时候家长就替我们宣传，这所学校管理非常严格，连手机都不让学生带，很多学校都做不到这一点，所以我们让自己的孩子来这所学校读书。实际上，随着办学实力的增强、社会声誉的提升，生源早已不是我们的问题，我们的问题是有相当部分初中毕业生想来都来不了，因为我们招生的门槛相当高，甚至超过了部分重点高中，这就是我们多年来坚持正确方向不动摇的结果。

在这里需要说明一点，我们并不反对以教学为目的的手机的使用，我们非常支持教师利用手机来提升课堂教学效果，只是针对手机使用对管理和教学带来的负面影响，提出只要不是教学需求，对于学生在校使用手机一律禁止。

附 件

附件一：

齐河县职业中专德育学分制实施细则

为加强学生管理、课堂管理，以形成良好的班风、学风，营造管理严格、品德高尚、人格健全、行为规范、思想积极向上的校园文化氛围，学校对学生评价实行学分制。学生学分由素质学分和学业学分两大模块构成。素质学分由班主任进行评价，学业学分由任课教师进行评价，班主任负责统筹管理，每学期一汇总，并报就业部办公室管理存档。

一、素质学分(50 分)

1. 爱护公物。(5 分)

(1)公物管理，各班实行管理目标责任制，责任到人，专人管理，效果较好者每次得 2 分；管理不善每次扣 2 分，未能发现责任人的要照价赔偿。

(2)爱护校园内公共设施、花草树木、体育器材等，效果较好者得 1 分；破坏一次扣 1 分，并照价赔偿或依有关规定罚款。

(3)爱护宿舍楼公共设施及宿舍内床铺、墙壁、衣橱等，爱护完好得 1 分；破坏一次扣 1 分，并照价赔偿或依有关规定罚款。

(4)爱护教室内桌凳、照明灯具、插座、电教设备、卫生用具、门窗等，爱护完好得 1 分；破坏一次扣 1 分，并照价赔偿或依有关规定罚款。

2. 热爱集体，积极为班级做贡献。(5 分)

(1)积极参加学校或班级组织的各种活动，按时参加升旗仪式、教育大会。学校重大活动和集会，必须参加，且服从管理得 2 分；每次不到扣 2 分。在上述活动中不遵守纪律、大声喧哗、不认真听讲，每发现一次扣 1 分。

(2)班级日常管理要尽职尽责，做好值日，认真打扫卫生，整理内务，效果较好得 1 分；每次不做值日扣 1 分，效果不好扣 0.5 分。

(3)认真上劳动课，服从管理，态度认真，积极实干，保质保量完成任务，得 1 分；有不良表现或效果不好，每次扣 0.5～1 分。

(4)学校大休时按时离校、返校，得 1 分；否则，每发现一次扣 0.5～1 分。

3. 尊敬师长、团结同学、讲文明、懂礼貌。(5分)

(1)言行举止文明，不骂人，不说脏话，能自觉使用普通话，见师长主动打招呼，不符合要求每次扣0.5分。

(2)男生不留长发、怪发，女生穿戴得体，男女同学均不穿奇装异服，星期一至星期五穿校服，进入车间实习穿工装，仪容仪表规范得2分；违犯一次扣0.5分。

(3)自觉维护校园卫生，不随地吐痰及口香糖，不乱扔垃圾污物，不随地大小便，得2分；每发现一次扣1分，并依有关规定处理。主动捡起校园内垃圾，维护公共秩序，每次奖0.5分。

(4)团结同学，以诚相待，不搞小集团，不拉帮结伙。反之，每发现一次扣2分。

(5)男女同学交往举止要端庄，不准谈情说爱，传递纸条，不准建立所为的“干兄弟”“干姊妹”和“笔友”，否则，每查处一次每人扣2分，情节严重者交就业部办公室处理。

4. 有理想、觉悟高、积极要求进步，敢于同坏人、坏事做斗争。(5分)

(1)维护班级利益，具有较高的思想觉悟和道德品质，积极要求进步，平时表现突出，奖1～2分。

(2)弘扬正气，见义勇为，敢于同坏人、坏事做斗争，发现违纪苗头、事故隐患能及时上报，每次奖1～2分。

(3)助人为乐，拾金不昧，有实际表现奖1～2分。

5. 服从管理、遵守纪律。(5分)

(1)在校时间，严格遵守《齐河县职业中专一日常规》《齐河县职业中专校规》及校园、教学楼、宿舍等管理制度，在学校平时管理和检查中被查处一次扣1分，态度恶劣扣2分。(可累计)

(2)学生在校必须服从班主任、班干部及学生会干部的正当管理。不服从管理每次扣1～2分，态度恶劣扣2分。

(3)两操、两休、第二课堂及时到位，不迟到，不早退，否则每次扣0.5分，无故不到者每次扣1分。

6. 考勤。(5分)

(1)学生按时上课、自习，不迟到，不旷课，不早退，每迟到、早退一次扣0.5分，旷课一节扣1分；迟到、早退超过15分钟按旷课处理。(可累计)

(2)课堂、自习时，认真听讲，自觉遵守课堂纪律，做好课堂笔记，独立完成作业奖1～3分；每违反一次扣0.5分。

(3)旷课严重者，按学校学籍管理规定处理。

7. 生活朴素、健康消费。(5分)

(1)在校期间勤俭节约、生活朴素。

(2)不乱吃零食,不乱请客,倡导健康消费观念,否则扣2分。

(3)餐厅就餐时自觉排队,尊重工作人员劳动,餐具齐全,整洁卫生,否则扣2分。

8. 及时缴纳学杂费。(5分)

(1)不及时缴纳学杂费扣1~2.5分。

(2)缴不足学杂费扣1~2.5分。

9. 严重违纪。(5分)

盗窃、打仗、骂人、爬墙与校外劣迹人员往来、留宿外来人员等属重大违纪现象,根据齐河县职业中专关于预防和惩治重大违纪现象的相关规定进行处理,并相应扣分。

10. 孝敬父母、尊敬师长。(5分)

(1)在校或出校实习要定期给父母等长辈打电话,报告自己的学习情况,要求每周一次。

(2)大休要按时回家,到家后先向父母问候,然后要上门看望祖父等长辈。

(3)大休放假期间,要帮助父母做些力所能及的劳动。

(4)离家返校时,要为父母收拾好家里卫生,愉快道别。到校后,要马上给父母打电话,报平安,让他们放心。

(5)打电话时,实事求是,理解父母,感恩父母。

(6)按时完成教师安排的家庭作业(如给父母洗一次脚等孝敬长辈方面的具体劳动或活动,学生返校时家长签条确认),保证质量。

11. 集体活动及管理。(加分项)

(1)积极参加班级管理、学校管理,管理意识强,效果好,为学校、同学服务意识高,视情况奖2~5分。

(2)积极参加学校及大型文体活动、劳动,表现突出,成绩较好,视情况奖1~5分。

(3)积极向班级墙报、学校校刊及上级刊物投稿,每次奖0.5分,被录用者,视情况再奖1~2分。

(4)个人参加班级、学校及上级部门的各项评比、竞赛等活动获奖者,班级每次每项奖0.5分,校级每次每项奖1分,市级每次每项奖2分,省级每次每项奖5分。

(5)校级及以上级别的加分,需要以书面形式报学校专业科及就业部办公室审批后方可执行。

二、学业学分(50 分)

1. 学习态度。(30 分)

每发现一次不当行为，按具体标准在每大周时间段内从 30 分里扣除。

(1)无正当理由早退或迟到一次扣 1 分，旷课一次扣 2 分。

(2)大声喧哗、扰乱课堂纪律、不服从老师管理教育，每次扣 1 分。

(3)上课期间做小动作、睡觉、喝水、乱下位、听收音机、看小说或刊物、用扇子、照镜子等，每次扣 0.5～1 分。

(4)穿背心、拖鞋或奇装异服上课，每次扣 1 分。

(5)上课不做听课笔记，每次扣 1 分。

(6)不服从老师教学安排，不主动思考、讨论，不回答问题，每次扣 1 分。

(7)不使用普通话，扣 1 分。

(8)不服从实习指导教师指导，不穿工装，不按操作规范实习，每次扣 2 分(非任课的实习指导教师，将考核记录报班主任处理)。

(9)乱丢、乱放实习工具，不爱惜实习工具，损坏仪器设备，除按有关规定赔款或罚款外，每次扣 2 分。

(10)不在规定工位实习，每次扣 1 分。

(11)实习课不带教材、随堂笔记，每次扣 1 分。

(12)在机房乱插 U 盘、MP3、MP4，每次扣 2 分。

(13)在实习场所吃零食，每次扣 1 分。

(14)浪费材料，每次扣 1 分。

(15)无正当理由不交作业，每次扣 1 分。抄袭作业，每次扣 2 分。作业不认真、书写潦草、上交不及时、作业不全、作业正确率不高、不改错，每次扣 0.5 分。

(16)测验中有交头接耳现象，每次扣 2 分。

(17)不服从监考教师管理、扰乱考场纪律，扣 3～5 分。

(18)抄袭试卷，本次本科目学分计 0 分。

2. 学习效果。(考试成绩 20 分)

考试成绩实行月考制，按专业科安排，任课教师具体负责。考试成绩折合为学分记入学生学分成绩，方法如下：

等次	优秀	良好	及格	不及格	缺考	补考
分数	85～100	70～84	60～69	0～59	0	60～100
学分	20	15	10	6	0	10

3. 其他。(加分项)

(1)参加学校组织的各种竞赛及国家、省、市、县组织的知识竞赛、技能竞赛，视情况加 1～10 分。

(2)学习进步加分，每大周根据学业进步情况加 1～10 分。

三、考核

每项学分均满 30 分为及格，合计总分 75～90 分为良好，90 分以上为优秀。学生毕业时，学校依据学分成绩择优依次安置就业。学分不及格者，学校不予安置就业、不准参加技能考证、不颁发毕业证书，直到学分及格为止。德育学分不及格者，积极主动要求进步、上进的，可通过参加有益的集体活动、劳动及其他形式加以弥补，该项学分由学校各专业科及就业部办公室进行评价。学业学分不及格者，第二大周返校后，由任课教师组织进行补考，连续两个大周学业学分不及格且补考仍不及格的，学校给予留级处分，由家长到校办理学生留级的相关手续；情节严重的，学校给予劝其退学处分，并以书面形式通知家长及其所在村委会。

附件二：

齐河县职业中专学生思想状况调查问卷

亲爱的同学：

你好！我们是齐河县职业中专的教职研究人员，本次进行的调查问卷需要得到你真诚的帮助。我们所从事的专门针对职业中学学生现状的一些研究工作，或许在一定程度上会对你和你的校友们的健康成长有所帮助。你的回答不必只限于平时家长或老师所需求的范围，只希望你能从自己实际的真实感受做出回答。由于是无记名问卷，因此请不必担心你的回答会给你自己带来任何烦恼和伤害。我们期待着你的支持和协助，并向你表示深深的谢意！

你的性别：　　　　年龄：　　　　年级：

1. 你对社会上“理想，理想，有利就想；前途，前途，有钱就图”的看法是：

A. 同意　　　　B. 说不清楚　　　　C. 不同意

2. 各种媒体上常有“落水儿童无人相救”的报道，对于那些围观者的行为，你认为是：

A. 算不上不道德　　　　B. 说不清楚　　　　C. 不道德行为

3. 有同学认为“学校组织同学们清扫街道护栏应该获得报酬”，对此你表示：

A. 同意　　　　B. 无所谓　　　　C. 不同意

4. 你认为“宗教信仰”与“封建迷信”是否有区别：

A. 有区别　　　　B. 不清楚　　　　C. 无区别

5. 有同学认为“很多成年人在赌博，因此中学生赌博不是错误行为”，对此你表示：

A. 同意　　　　B. 说不清楚　　　　C. 不同意

6. 对于个别同学酒后滋事的行为，你的看法是：

A. 不予追究责任　　　　B. 错误行为，但可从轻追究责任

C. 照常追究责任　　　　D. 错上加错，应从重处理

7. 对于“一些商贩有意向未成年人出售香烟”的行为，你认为是：

A. 很普遍，不算什么　　　　B. 说不清楚

C. 是违法行为，应予以检举

8. 个别同学认为“既然自己交钱读书，职高毕业证就是一种商品，因此理所应当地获得它。”对此，你表示：

A. 同意　　　　B. 不清楚　　　　C. 不同意

9. 你认为“电脑彩票”是一种赌博吗？

A. 是　　B. 不清楚　　C. 不是

10. 你亲自参与过“求签问卦”的迷信活动吗？

A. 参与过　　B. 从未参与

C. 如果参与过，你的动机是(　　)

11. 你认为“中学生在公众场所口叼香烟”的形象：

A. 很酷，有风度　　B. 不清楚　　C. 不文明，有损中学生形象

12. 你认为“人生道路要靠自己去走”吗？

A. 是　　B. 不清楚　　C. 不是

13. 对于毕业后如何就业，你希望：

A. 通过父母的帮助　　B. 通过朋友的关照　　C. 通过自己的努力

14. 你乐意主动告诉别人你是职高学生吗？

A. 乐意　　B. 不乐意

15. 你认为“多数老师都用歧视的眼光看待你”吗？

A. 是　　B. 不是

16. 你很希望自己在同学中有突出地位，并且别人都能听命于你吗？

A. 是　　B. 不是

17. 对“人不为己，天诛地灭”的观点，你表示：

A. 同意　　B. 不清楚　　C. 不同意

18. 对“在必要时，为了集体利益可以牺牲个人利益”的观点，你表示：

A. 同意　　B. 难以确定　　C. 不同意

19. 你对自己将成为社会需要的人才充满信心吗？

A. 是　　B. 不是

20. 中学生“早恋”容易导致一些不良后果，对此你认为：

A. 没什么大问题　　B. 与己无关，无所谓　　C. 应当引起重视

21. 你认为异性朋友越多越值得骄傲吗？

A. 是　　B. 不是

22. 你认为高中生没有关系较为密切的异性朋友会被人看不起吗？

A. 是　　B. 不是

23. 你认为中学生“谈恋爱”是成熟的重要标志吗？

A. 是　　B. 不是

24. 你认为与异性朋友交往中最应该注意的问题是：

A. 相互尊重　　B. 物质、金钱的满足　　C. 其他

25. 你交友的选择标准主要是(可多选)：

A. 为了互相关照　　B. 爱好相同

C. 钦佩对方　　D. 其他原因

26. 为了加深与朋友间的友谊，在条件允许的情况下，你采取的主要方式是（可多选）：

A. 加强学习交流　　B. 多在一起玩要　　C. 送上生日礼物

D. 请客吃饭　　E. 朋友遇到困难时给予帮助

F. 为朋友的事"两肋插刀"　G. 其他方式

27. 你认为"有必要与多个朋友结成某种同盟关系才利于保护自己"吗？

A. 是　　B. 不是

28. 你热爱自己所在的班集体吗？

A. 热爱　　B. 较热爱　　C. 没感觉

D. 较讨厌　　E. 讨厌

29. 当你遇到困难时，一个陌生人主动帮助你，你会

A. 婉言拒绝　　B. 半信半疑，警惕地接受

C. 乐于接受

30. 你认为"稍不注意就会被人利用"吗？

A. 是　　B. 不是

31. 你吸过烟吗？

A. 是　　B. 不是

如果吸过烟，你认为自己是否已经"上瘾"：

A. 是　　B. 不是

32. 有人认为"酒是人在空虚、苦闷时最好的解脱方式"，对此你认为：

A. 同意　　B. 不清楚　　C. 不同意

33. 进入职高以后，你经常旷课吗？

A. 经常　　B. 偶尔　　C. 从未旷课

34. 个别人认为"吸烟是个人爱好，学校不应干涉"，对此你表示：

A. 同意　　B. 不意

35. 进入职高后，课余时间你参加过赌博吗？

A. 参加过　　B. 从未参加过

36. 进入职高后，你曾因为迷恋于上网而导致旷课、夜不归家或者白天上课打瞌睡等情况发生吗？

A. 发生过　　B. 从未发生过

37. 你上网的主要内容是：

A. 聊天　　B. 玩游戏

C. 学习知识，了解时事　　D. 其他

38. 你是否认为参加社会公益事业是每个人的义务：

A. 是　　B. 根据情况而定　　C. 不是

39. 当你路遇坏人正在抢劫，你会：

A. 想法躲起来看热闹　　B. 装没看见，走开

C. 赶快去报警　　D. 见义勇为

40. 你理解“天下兴亡，匹夫有责”的含义吗？

A. 理解　　B. 不理解

如果理解，你表示：

A. 赞同　　B. 不赞同

41. 听说校内有同学约人打架，你会：

A. 赶快告诉老师　　B. 与己无关，马上离开

C. 留下来看热闹

42. 你是否认为本班教室的清洁应该由清洁工来统一打扫：

A. 是　　B. 不是

43. 如果你的父母要求你 18 岁以后自食其力，你表示：

A. 接受　　B. 没想过　　C. 不接受

44. 你有时候会对自己的一些言行进行反思吗？

A. 会　　B. 不会

45. 你认为同学中出现的打架斗殴事件更可能是：

A. 蓄谋已久　　B. 一时冲动　　C. 自己没打过架，不知道

46. 你认为“上网”很可能上瘾吗？

A. 是　　B. 不知道　　C. 不是

47. 你知道“向未成年人出售香烟是违法行为”吗？

A. 知道　　B. 不知道

48. 我国《刑法》规定“酒后犯罪可以从轻判罚”吗？

A. 是　　B. 不是

49. 个别同学说“有些事只有通过打架才能得以解决”，对此你表示：

A. 同意　　B. 不同意

50. 有些青少年因一时冲动，酿成终身遗憾，对此你认为：

A. 为某些事情值得　　B. 不清楚　　C. 不值得

51. 你的学习目的是：

A. 为社会做贡献　　B. 为自己将来有个好工作

C. 不清楚　　D. 其他

52. 你是在父母的要求下才进入学校读书的吗？

A. 是　　B. 不是

53. 你希望你的学业负担再轻一些吗？

A. 希望　　B. 不希望

54. 现在，家长对你的要求与初中时相比：

A. 更严格了　　B. 没什么变化　　C. 更轻松了

55. 你对职高学习的感受是：

A. 都有兴趣　　B. 个别科目有兴趣　　C. 都没兴趣

56. 你认为现在职高学生考试作弊现象：

A. 普遍　　B. 较普遍　　C. 一般

D. 较少见　　E. 极少见

57. 你认为老师监考时严格要求是：

A. 完全有必要　　B. 无所谓　　C. 完全没必要

58. 假设你现在进行职业选择，那么你考虑的最重要条件是：

A. 工资待遇　　B. 工作强度　　C. 是否适合自己的专业

D. 其他　　E. 没想过，不清楚

59. 你做好就业的心理准备了吗？

A. 已做好准备　　B. 没有做好准备

60. 家长仅要求你在校“别出事”吗？

A. 是　　B. 不是

主要参考文献

[1]王迎新等:《中等职业学校学生管理研究》,山东大学出版社 2013 年版。

[2]王迎新:《中职学校教师考核机制存在问题与对策》,《学理论》2011 年第 35 期。

[3]李文祥:《职校班级考核机制存在的问题与对策》,《现代教育》2012 年第 1 期。

[4]杨红珍:《中职学校实行德育学分制的初探》,《中国科教创新导刊》2011 年 第 5 期。

[5]黄良:《中职学校德育学分制的构建与实践探究》,《读书文摘》2016 年 12 期。

[6]沈荷英:《学生德育学分制评价模式研究》,《文教资料》2011 年 11 月号上旬刊(总第 555 期)。

[7]王迎新教育工作室的博客,http://blog.sina.com.cn/u/3344409000.